Ulrich Beer

Nach Herzenslust

Lebensformen

herausgegeben von
Ulrich Beer

Band 21

Ulrich Beer

Nach Herzenslust

Geschichten – Gedichte – Gedanken

Centaurus Verlag
Herbolzheim 2004

MEINEN ENKELN
1. THESS. 2,8

Die Deutsche Bibliothek – CIP-Einheitsaufnahme

Bibliographische Information der Deutschen Bibliothek:
Die deutsche Bibliothek verzeichnet diese Publikation in der
Deutschen Nationalbibliographie; detaillierte bibliographische Daten
sind im Internet über http://dnb.ddb.de abrufbar

ISBN 3-8255-0490-5

ISSN 1612-2739

© *Centaurus Verlags-GmbH. & Co. KG, Herbolzheim 2004*

Umschlagabbildung: Gudrun Bruene, *„Lebenfreuden"* (Ausschnitt).
Bildvorlage: akg-Images, Berlin 2004. © VG Bild-Kunst, Berlin 2004

Druck: primotec-printware, Herbolzheim

Inhalt

Vorwort

Geschichten

Soltauer Impressionen 11   Fremde Heide 14
Nahender Frühling 20   Tag in Bernstein 22
Ein sonderbares Paar 27   Entführung eines Opfers 33
Heut' gehn wir ins Hotel! 42   Tigerkätzchen entlaufen? 46
Habicht und weiße Taube – das paradoxe Prinzip 52
Die eherne Schlange – das homöopathische Prinzip 61
Menschentypen 72

Gedichte

Forsythie 113   Hellblaue Stille 114   Kastanienblüte 115
Kein Mittelmeer 116   Abschied vom Bodensee 117
Wer weiß? 118   Bange Lust 119   Grün strahlt der Frühling 120
Die Birke 121   Liebesfrühling 122   Frühlingsliebe 123
Die Tulpe 124   Impression 125   Grünes Glück 126
Frühlingsfrost 127   Morgen neu 128   Möwe 129   Juli vertan 130
Das Meer von Puerto del Carmen 131   El golfo 132
Abend am See 133   Ibizahimmel 134   Pelhamer See 135
Maltesisches Feuer 137   Das Glück von Isabell Island 138
Kornmeer 139   Allerträumerei 140   Herbstzeitlose 141
Sehnsucht 142   Grausilberner See 143   Sage und Traum 144
So geht ein Jahr 145   Spätsommer in Schwärzloch 146
Septemberregen 147   Spätsommertag 148   Herbst am Teich 149
Septembereiche 150   Nebelsonne 151   Herbstfrieden 152
Oktobertag 153   Novemberrosen 154   Vergänglichkeit 155
Herbstende 156   Winterwald 157   Schnee von morgen 158
Die erste Schwalbe 159   Venedig 160   Heide 161
Hirtenhaus 162   Costa Alto di Piano 163
Arrecife de Lanzarote 164   Blüten im Traum 165   Alles wissen 166
Todesschwingen 167   Fasters Himmelfahrt 168
Abschied wie von einer Geliebten 169   Dein Auge ein Urwald 175

Es ist Nacht 176   Schönes Vergehen 177   Mitten im Licht 178
Wüstenschöne 179   Sonne, Mond und ich ... 180
Morgen zum Leben 182   Gott, warum ...? 183
Weinbergpfirsich 184   Ich lebe den Tag 185
Zum Frieden fertig 186   Die Luft steht still 187   Rosa 188
Junge Liebe 189   Brunnen sind deine Augen 190
Feder im Wind 191   Der erste Kuss 192   Grotte des Catull 193
Befangen und verhalten 194   Frühlingsschmerz 195
Wie die Weide 196   Schweigend sagen 197   Wenn du da bist 198
Bergreh 199   Herbstlaub – Herbstlieb 200   Kirschbaum 201
Herzangel 202   Lass Misstraun niemals 203   Danke mir nicht 204
Irene 205   Glaub nicht 206   Sonett an die Fremde 207
Rote Sonne 208   Zeit ist in allem 209   Niemand glaubte daran 211
Dorfabend 212   Der Weltentag 213   Sonntagmorgen 214
Dass Gott ist 215   Morgenstunde 216   Jesu Geburt 217
Der barmherzige Samariter 219   Mein kleines Menschenleben 221
Ein neues Jahr 222   Gründonnerstag 223   Karfreitag 224
Karfreitag sonnig 225   Ostern 226   Mein Psalm 227
Magnolie 228   Friedenstauben 229   Friedenslied 230
Über politische Karawanen 232   Hymne der deutschen Einheit 233
Mainau 234   Der Seher und der Sänger 235
Ob Nietzsche lacht? 236   Für HAP Grieshaber 237
Der Hindenburg, der Hindenburg ... 238   Andreas I 239
Andreas II 241   Schrift in Stein 243   Lachsforelle 244
Der Gast 245   Der Hecht 247   Am Boden 249
Die Hände frei – ans Handy gebunden 250   Der Gallenstein 253
Seufzer eines Briefkastenonkels 255   Zuspruch 257
Nörgelminna 258   Die sprachliche Gleichberechtigung 260
Ithakische Tage 263   Der Untergang 265   Mein Boot 268
Zentripetal – frei nach Rilke 270   Aus den Tiefen 271
Meine Freude 262

Gedanken

Aphorismen 275   Von Frauen dressiert – von Frauen verführt 293
Die Sprache der Glocken 296   Zweitakter 299

Vorwort

Mein ganzes Leben hindurch hat es mir Spaß gemacht, meine Träume in kurzen Geschichten, meine Gefühle in – gereimten oder ungereimten – Gedichten und blitzartige Erkenntnisse in Aphorismen auszudrücken. Von wenigen Ausnahmen abgesehen, habe ich zu einer Veröffentlichung bisher weder Gelegenheit noch Mut genug gehabt. Die Lust dazu wurde allerdings geweckt, als ich in den achtziger Jahren zum Soltauer ,Stadtschreiber' berufen wurde und dieses Stipendium auch gern annahm. Danach musste diese beglückende Liebhaberei zurücktreten.

Heute, nach Abschluss meines Berufslebens, wage ich nun aus den Winkeln meines Schreibtisches Texte hervorzuholen, die ich selbst schon fast vergessen glaubte.

Mein publizistisches Wirken war fast ein halbes Jahrhundert lang von Sachgebieten bestimmt, die mit meinen beruflichen Aufgaben und damit mit den Problemen der Menschen zu tun hatten, ihrer Entwicklung, ihren Beziehungen, ihren Krisen und deren Meisterung.

Im Hinterstübchen pflegte ich – schon mehr als fünfzig Jahre lang – sprachliche Liebhabereien, die ich mit diesem Buch und ein wenig mit Zagen der Öffentlichkeit preisgebe. Immerhin sind Gedichte darunter, die schon der Sechzehnjährige schrieb, auch solche, die von späteren Liebesbeziehungen zeugen, und andere schließlich, in denen der Autor seine sehnsuchtsvolle Neigung zur Natur und zu einem erfüllten sinnlichen Leben ausdrückt. Schließlich mögen auch einige Gedankensplitter und Geistesblitze das bunte und sicher manchmal skurrile Bild runden und alles in allem meinen Leserinnen und Lesern Freude bereiten und Anregungen geben.

Eisenbach-Oberbränd, 4. Juli 2004　　　　　　　　　　　　Ulrich Beer

Geschichten

Soltauer Impressionen

Rot und Grau sind für mich die beherrschenden Farben von Soltau, das Rot der Backsteine und das Grau des Himmels. Ich war im Winter hier. Sperrige Zweige recken sich in den Himmel, doch ihre Traurigkeit wird durch das schwere, satte, zeitlose Rot der Häuser aufgewogen. Es wird einem warm und beständig zumute. Eine Stadt, die sich seit fast sechshundert Jahren vergeblich bemüht, eine zu sein: Zahnlücken zwischen den Häusern lassen lächeln darüber, aber es ist ein freudiges Lächeln. Grün bleibt übrig, alte Bäume bleiben leben, und selbst eine Fabrik sieht noch aus wie Opas Fabrik. Ein Kurbad aus Beton und Glas zischt seinen Dampf in den Himmel, als ob der nicht grau und feucht genug wäre, doch darunter schlängelt sich versöhnlich die Böhme durch den Böhmewald. Erlen verästeln riskant Wurzelwerk in ihre Ufer, neigen sich, bleiben stehen, verfaulen und dürfen dennoch stehen bleiben – Balsam für das zivilisationswunde Herz, natürlich und schön – das Wort romantisch verbietet sich hier, weil es Schein legt über etwas, das echt ist. Ein Fluss, noch nicht kanalisiert, nur ein paar Schritte weit, wo das neue Mühlenwehr ein morsches ersetzen musste und ein verlängerter Brückenpfeiler den Einsturz alter Häuser verhinderte. Dann fließt sie weiter, gebremst, beschleunigt und darauf wieder gemächlich sich im Sumpf verbreitend, unter Brücken verengend, nur wenig Unrat in der geheimnisvollen moorigen Düsternis mitführend.

Diese Stadt hat nichts Großartiges an sich. Nur wenige schöne, alte Häuser zeugen von Bürgerwohlstand, noch das schönste ist wohl das Rathaus.

In Soltau lebt man bescheiden, innen und außen, und die wenigen, die sich mehr leisten, investieren woanders und begnügen sich mit knappen Wohltaten für die lokale Kultur – niemand soll ihren Wohlstand überschätzen.

Das Großzügigste ist die Natur, die Wälder um Soltau herum, die Heide, und in der Stadt allenfalls der Park, genannt nach der traditionsreichen Industriellenfamilie Röders. Eine reizvolle

Jugendstilvilla prangt matt, inzwischen verfallen und durch niemand genutzt, ein Denkmal und eine Schande zugleich.

Straßen bestehen noch aus Kopfsteinen, Katzenköpfen. Die Erde bebt, wenn ein Lastwagen darüber fährt, und die Mühle, in der ich wohne, scheint auf einer moorigen Insel zu schaukeln. Nach mir mag sie zusammenbrechen. Lange kann es nicht dauern. Die mit Backsteinen gepflasterten Fußwege springen auf, Sand quillt hervor und erinnert daran, wo wir leben, jedenfalls nicht in einer Stadt. Vielleicht habe ich Landgeborener viel zu lange in Städten gelebt, bin verwöhnt und anspruchsvoll, aber nicht so sehr, um nicht die Schadenfreude des Landkindes zu empfinden, wenn die Natur aus allen Ritzen quillt und sich durchsetzt gegen Beton und Moderne.

Das Stadtbild selbst weiß nicht, ob es sich am Alten oder am Neuen orientieren soll. Der Marktplatz ist ein aufgepflanzter Kompromiss, vielleicht in hundert Jahren schön und historisch. Sonst werden alte Häuser mit Brettern vernagelt und dem Verfall übergeben. Bürgersinn scheint nicht ausgeprägt und der Stadtsäckel zu knapp, um großzügig zu planen. Noch wäre etwas zu retten, wären Modelle für Bürger zu entwerfen, wie sie ihre Fassaden gestalten, Soltauer Stil entwickeln könnten. So bleibt die Stadt ohne Gesicht.

Man lebt billig hier, findet schnell Anschluss, muss sich nur hüten, in Gruppen einzutauchen und damit von anderen ausgeschlossen zu sein. Alles hat überschaubaren Zuschnitt, nur die Waldbibliothek ist ein Modell, gut belichtet und durchlüftet in jedem Sinne des Wortes, von einer ideenreichen Berlinerin geführt – wie könnte es anders sein. Gastronomie und Fremdenverkehr sind bemüht und lassen es dabei bewenden. Vertreten, regiert und verwaltet wird gut oder nicht erkennbar schlechter als anderswo. An der Spitze junge, aufgeschlossene und gleichzeitig bedächtig konservative Kräfte, in denen der Drang, Gewordenes zu bewahren und Visionen zu verwirklichen, noch unaufhebbar zu ringen scheinen. So wie die Stadt noch immer auf dem Weg zu ihrer Selbstverwirklichung – hier passt das Wort – ist, haben sich im Kreis drei eigenständige Städte und zwei Landkreise hoffnungslos zu einer Laokoongruppe verschlungen – drei Autokennzeichen kurz hintereinander sind das sichtbare Ergebnis – Lähmung aufgrund von Rücksichtnahme und Rivalität die unausbleibliche Folge.

Eine Hoffnung ist die Jugend. Nicht überall diskutiert sie so offen, wachäugig, klug und sensibel zugleich. Ein gutes Zeugnis nebenbei für die Alten, die Eltern. Sie wird eines Tages den Bogen schlagen zu größeren Entwicklungen. Da, wo die Welt der Erwachsenen in Soltau ein wenig hinterwäldlerisch wirkt, zeigt die Jugend mehr als die Mischung von Brauchtum, Geschäftssinn, angestrengter Bildungspflege und bequemem Privatismus. Ideologisch längst nicht so fanatisiert wie anderswo, sind auch die radikalen Gruppen nur äußerlich Bürgerschreck. Mich berührten die Rechten so liebenswert wie die Linken unter ihnen, weit entfernt von jener gefährlichen Radikalisierung, die sich ins eigene Fleisch schneidet, aber vielleicht wirkt hier im Blick schon Schönfärberei und Altersverklärung mit, die Sicht eines Menschen, der sich den Notwendigkeiten der Konkurrenz und Konfrontation entziehen kann. Ich neige dazu und tue es gern.

Fremde Heide

Lautlos fiel der Schnee in großen Flocken vom Himmel, als wolle er die ganze Erde in Watte packen. Die Flocken hängten sich an Birkenäste und Schlehensträucher, deckten sich über die braune Heide und verwandelten das schwermütige Land zwischen Schneverdingen und Undeloh, den Wilseder Berg und den Totengrund in ein flauschiges, weiches Bett für die silbrige Wintersonne, die schwach durch die tief liegende Wolkendecke schimmerte. Kein Laut störte die wohlige Weichheit des versinkenden Februartages, auch nicht die Wanderstiefel des jungen Menschenpaares, dessen dunkle Umrisse sich auf dem Schnee abzeichneten, als es aus dem Schatten des Waldes heraustrat. Sie hielten sich an den Händen und stapften mit behutsamen Schritten durch den Schnee, wo sich die Tretpfade im Heidebewuchs abzeichneten. Es war hell genug, Wildwechsel und Fußwege auch unter der Schneedecke zu erkennen. Im übrigen machte es den Stiefeln nichts aus, wenn sie zwischendurch Heidegestrüpp oder dürres Gehölz streiften.

Auf der Stirn des Mädchens, dessen schmales Gesicht leicht gerötet war, perlten Tropfen, und es war schwer zu erkennen, ob es Schweißtropfen oder aufgetaute Schneeflocken waren. Er sah sie an: „Ist dir heiß? Gehen wir zu schnell?" Sie schüttelte nur den Kopf, obwohl sie schon seit über einer Stunde auf den Beinen waren. Sie schritten aus, als hätte ihre Wanderung ein Ziel, aber sie wussten nicht, wohin sie wollten, und gingen wohl nur mit dem sinkenden Tag um die Wette. Sie wussten, woher sie kamen und von wo sie weg wollten, aber nicht, wohin sie gehen und wo sie bleiben sollten.

Sie hatten sich in jener großen Stadt im Süden kennengelernt, an die sie am liebsten nicht mehr denken mochten und die ihnen nun fern genug lag, um sie zu vergessen. Christiane, so hieß das schmale, hochgewachsene, kaum siebzehnjährige Mädchen, fühlte kein Zuhause mehr in der elterlichen Wohnung, seit sich Vater und Mutter zerstritten und endlich für immer getrennt hatten. Die Schule hatte sie hinter sich, und die

14

Ausbildung im Gastgewerbe war ihr zur Qual geworden. Sie fühlte sich überfordert, hin- und hergerissen und ausgenutzt. Sie wollte zu sich selbst kommen. Hierin traf sie sich mit dem zwei Jahre älteren Erhard, der nur vorübergehend als Techniker in der Stadt arbeitete, aus der sie kamen. Auch er sah keinen Sinn in der Tätigkeit für den Elektrokonzern, der führend in der Errichtung von Atomkraftwerken in aller Welt geworden war. Er fühlte sein Leben eine Richtung nehmen, die er nicht wollte und die er nicht mehr bestimmen konnte. Das einzige, was blieb, war abzubrechen und das Leben auf eigene Faust und eigenes Risiko zu versuchen.

An den Wochenenden des letzten Sommers hatten sie sich in einem bestimmten Eckcafé und bei gutem Wetter in einem der Biergärten getroffen, in der die schnauzbärtige, offenhaarige Jugend im Aufbruch in knappen Zügen die Freiheit inmitten der großstädtischen Zwänge kostet. Sie wollten sie genießen. Freiheit auf Raten, in Häppchen und Intervallen war ihnen zu wenig. Sie hatten darüber nachgedacht, wann und wohin sie gehen sollten, wenn das Leben gar nicht mehr auszuhalten war. Und sie waren auf die Heide im Norden verfallen, die sie von Kinderferien in sommerlicher Blüte kannten und liebten. Gerade jetzt müsste sie schön und vor allem menschenleer und einsam sein.

So hatten sie mit dem Ende des Jahres ihre Ausbildungs- und Arbeitsplätze gekündigt, die Zimmer an interessierte Freunde weitergegeben und ihre spärliche Habe zwei Rucksäcken und einer Jutetasche anvertraut. Dazu hatten sie sich auf die Wanderung begeben. Strecken, die sie für uninteressant hielten, durchquerten sie, indem sie fremde Autos anhielten und sich mitnehmen ließen.

Reizvolle Landschaften wie das Altmühltal, die Fränkische Schweiz, die Rhön, den Knüllwald oder Teile des Weserberglandes durchstreiften sie zu Fuß. Dabei kam eine tiefe Ruhe über sie, die sie nie vorher erfahren hatten. War ihnen zunächst der Abbruch ihrer Entwicklung fragwürdig, ja, im Blick auf die Eltern fast verantwortungslos erschienen, fanden sie in der Eintracht ihres Wanderns und in der Einfachheit der Freude, die sie dabei spürten, reiche Entschädigung. Atem und Augen sogen Luft, Düfte und Farben ein, die den wunden Seelen gut taten.

Sie hatten die letzten Bäume hinter sich gelassen. Vor ihnen breitete sich – leicht abfallend – die weite verschneite Ebene des Totengrundes aus. In der Ferne stieg das Gelände leicht an, aber der Wilsederberg war im Schneegestöber nicht zu erkennen.

Die beiden genossen die Anmutungen des Wintertages wie eine kühle Droge; sie ließen sich verzaubern und von jenem Rausch ergreifen, der nach ungewohnter Anstrengung mit kühler, frischer Luft und starken Sinneseindrücken einher zu gehen pflegt. Sie gaben sich Träumen, Phantasien und Erinnerungen hin, denn ein endloses Weiß regt die Vorstellungskraft an, es mit Farben zu füllen. Sie sah plötzlich einen Wirbel roter und grüner, silberner und goldener Blasen oder kleiner Luftballons vor sich tanzen, ein Wintertagstraum, der sie aufs höchste entzückte. Er lenkte die Erinnerung auf Kindheitsferien und sah die Heide in voller Blüte prangen, sah plötzlich durch Schnee Purpur ersprießen und durch das phantastisches Leuchten in noch fernere, jahrtausende alte Erinnerungen hinein. Und dann begann er von seinem Gesicht zu erzählen, das ihn plötzlich wie eine Vision überfiel, und er erzählte die Fabel vom verwaisten Königskind:

„Die Heide ist ein Kind des Sturms und der Sonne. Einst wurde es von den Eltern in diese Welt gesetzt: Vater Sturm schaffte ihm einen weiten freien Raum, und Mutter Sonne schenkte ihm ein liebliches Kleid. Dann trennten sie sich von dem Kind und mieden sich auch untereinander, denn sie sind von sehr verschiedenem Wesen. Beide jedoch kümmerten sich um ihre Tochter auf der Erde, und in finsteren Sturmnächten, wenn der Regen ihr Kleid durchnässte, barg sie sich unter der rauhen Obhut ihres Vaters. An hellen Sommertagen, wenn im warmen Licht Bienen sie umschwärmten, freute sie sich des liebevollen Mutterauges.

So war es immer gewesen; Leiden und Liebe lösten sich ab im Kreislauf ihres Lebens, herbe und edle Schönheit zeigte ihr Antlitz.

Sie spricht von weitem Leiden,
Von Nächten voll Regen und Wind,
Und mag sich so lieblich kleiden:
Ein purpurnes Königskind.

Sie ist uralt, diese Schwester des Meeres, und doch immer neu und jung, aber sie ist schwächlicher als dieses und mehr vom Sterben bedroht.

Seit der Mensch begann, Heideflächen zu kultivieren, liegt auf ihrem Bilde jener düstere Schatten des Todes, der die Menschen, die in der Heide leben, so tiefsinnig und schweigsam macht.

Als man ihre Weite mit Schonungen durchsetzte, sie beschattete und schützte, wurde sie Waise: Man nahm ihr den Sturm und die Sonne. Der Wechsel des Wetters und der Jahreszeiten wurde ihr wie eine matte Erinnerung des früheren Glücks. Elternlos lebte sie weiter, einsam und alt, und wurde in Jahrhunderten immer einsamer und älter.

Man lehrte sie vergessen, dass sie die Schwester des Meeres war, indem man ihr nahm, was daran erinnerte und ihre namenlos weite Einsamkeit mit Dörfern, Gehölzen und Straßen durchbrach. So ward sie aus ihrer Familie vertrieben und entmündigt: Der Mensch wurde ihr zum Vormund. Sie war nicht die erste Königstochter, die er zum Straßenmädchen machte. Denn so wurde es: Als er sie weiter und weiter aus ihrer Heimat verjagte, suchte sie ihre Zuflucht an Wegrainen, Straßenrändern und Bahndämmen.

Sie hat vergessen, wer sie ist, sie kennt ihre Eltern nicht mehr, und sie ahnt nicht, woher sie kommt. Bisweilen noch, wenn in stürmischen Regennächten der Vater voll Gram und Wut an ihrem Kleide zerrt, oder wenn im Hochsommer mit dem Spiel der Sonnenstrahlen und der Schmetterlinge die Mutterliebe sie berührt, durchzieht sie ein Ahnen, und alle Jahre kleidet sie sich dann in das Purpurgewand, das die Mutter ihr schenkte. Sie weiß nicht, warum sie es tut, und die Menschen wissen es auch nicht. Ein Trauerkleid ist es, ein Andenken an vergangenes

Glück, ein letztes Kleinod, das das heimatlose Straßenmädchen noch besitzt – niemand darf es ihr nehmen."

„Nur der Schnee darf sie bedecken, damit die Unruhige schlafen kann", fügte Christiane hinzu. „Und Frieden findet", schloss Erhard ab.

„Frieden ist ein großes Wort", warf sie ein. „Hier ist Frieden, aber wie weit reicht er? Ist die Heide nicht nur noch ein Reservat, drum herum sind Truppenübungsplätze, Munitionslager, Ölbohrstellen? Trabantenstädte und Touristenströme fressen sich von allen Seiten in sie hinein, und sie selbst wird eingerahmt und geschützt, als ob sie nicht mehr Natur, sondern längst Gemälde wäre, wie es die Bauern über ihren Sofas hängen haben, seit es keine richtige Heide mehr gibt?"

Erhard konnte nichts dagegen sagen. Er litt an dem gleichen Schmerz wie sie, dass es den Frieden in der großen Welt nicht geben konnte, wenn es nicht möglich war, ihn der kleinen zu erhalten oder ihn der großen nur in Reservaten und Naturschutzparks abzutrotzen. „Jeder Millimeter Frieden verändert die Welt", sagte er nur.

„Aber die Welt ist groß", wagte sie einzuwenden. „Und wäre nicht alles gewonnen, wenn der Frieden nicht nur um uns, sondern in uns wüchse?"

Er nickte nur und wusste plötzlich, warum und wohin sie sich auf den weiten Weg gemacht hatten. Es war gleich, wo sie aufgebrochen waren und wo sie sich niederlassen würden. Wichtig war allein, dass in ihnen der Friede Raum bekäme und sich um sie ausbreitete. Hier konnten sie ihn sehen und einatmen oder ihn jedenfalls in seiner naturgewordenen Gestalt begreifen, auch wenn der Friede selbst mehr war und unsichtbarer.

Sie konnten hier nicht bleiben. Die Sonne sank tiefer. Es hatte aufgehört zu schneien, und in der Ferne wurden die ersten Häuser sichtbar. In einigen Fenstern brannte schon Licht. Sie übernachteten in einer Scheune, warm und behütet mitten im Stroh. Aus einem Stall hörten sie Schafe blöken, bis sie – den Kopf noch voller Gedanken und Träume – nahe bei einander einschliefen. Am nächsten Tag wollten sie in einem der Dörfer am Rande der Nordheide ein besseres Quartier und vielleicht auch eine Beschäftigung suchen.

Töpfern oder weben, Wachskerzen ziehen oder aus Schnuckenfellen Schuhe und Kleider bereiten – dies oder Ähnliches schwebte ihnen vor. Mit natürlichen Dingen zu leben und mit ihnen einfache menschliche Bedürfnisse zu erfüllen, davon versprachen sie sich den Frieden, nach dem sie sich sehnten. Sie würden eine alte Scheune oder einen Speicher finden, zunächst mieten oder später vielleicht kaufen. An Fleiß und Phantasie würde es ihnen nicht fehlen. Und selbst wenn sie eines Tages wieder in die Stadt zurückkehren würden, weil sie das Leben in der Stadt gewohnt waren oder weil ihre Arbeit kein Auskommen sicherte, würden sie den ertrotzten Frieden mitnehmen können, um auch anderswo davon zu leben und weiterzugeben.

Wenn der Mensch bedroht ist, geht er an die Anfänge zurück und erinnert sich daran, dass es nur wenig ist, was er braucht. Von da aus, wo die Geschichte der Menschheit beginnt, kann auch das Leben der Einzelnen jederzeit neu beginnen.

Nahender Frühling

Auf zwei Arten kann der Frühling kommen, habe ich festgestellt. Ich erwarte ihn nämlich jedes Jahr mit besonderer und von Jahr zu Jahr wachsender Aufmerksamkeit. Ich packe frühzeitig die Wintergefühle ein und wende mich mit all meinen Gedanken und Hoffnungen sozusagen um. Ja, ich lauere ihm auf; ich spanne alle Sinne und richte sie auf die ersten Anzeichen des Frühlings, so zögernd und so trügerisch sie sein mögen. Und darum weiß ich: Er kann auf zweierlei Weise kommen.

Das eine Mal bricht er von heute auf morgen in voller Stärke ein. Er schleicht nicht, sondern er ist gleich ganz da. Der Schnee verschwindet in der Wärme einer Nacht, Bäche und Flüsse schwellen an, überschwemmen die Wiesen, und der Morgen begrüßt einen mit Vogelstimmen, wenn es auch nur der ziepende Chor der Meisen ist. Ganz selten mischt sich am Abend auch schon einmal der vorsichtige Laut einer Amsel dazwischen.

Der Frühling kann aber auch anders kommen, wie der Dieb in der Nacht, ästelnd und tastend. Die Eiszapfen beginnen heimlich zu tropfen, die Sonnenstrahlen züngeln Löcher in den Schnee, aber in den Nächten macht der Frost alle Hoffnungen wieder zunichte. Dieses Ringen kann Wochen dauern. Die Menschen werden ärgerlich und ungeduldig und übersehen deshalb die winzigen Anzeichen, die er seinem unwiderruflichen Erscheinen voraussendet: Weidenknospen schwellen an, und die ersten Kätzchen springen aus der Hülle. Tauben gurren lebhafter und beginnen sich zu paaren. Schneeglöckchen drängen sich aus den kleinen grünen Inseln inmitten des Schnees hervor und blühen unbekümmert, wie ihr innerer Kalender ihnen befiehlt, und läuten lautlos den Frühling ein.

Oft weißt du gar nicht, wie tief der Winter noch ist oder wie fortgeschritten der Frühling schon. Dumpfen Kopfes wartest du ab, auf Enttäuschungen gefasst, und verpasst dabei gerade die kleinen Vorboten: Ein merkwürdig bleisilbernes Glänzen in der Luft, das heller ist als am Winterhimmel, einen Duft, der nach Moos oder Veilchen riecht. Die Luft scheint zu leben, die Geräusche tragen weiter, und die ersten Kinderstimmen lösen die Winterstarre und zeigen an, dass die Abende länger werden. Du atmest tief ein und hältst inne. Ein leichter Schwindel erfasst dich, und plötzlich merkst du, dass auch in dir etwas sich dehnt und streckt.

Jetzt liegt das alte Jahr endgültig hinter dir. Alles kann neu beginnen. Bald wird die Luft rauschen von Vogelstimmen, Farben und Blütenduft. Die Menschen werden aus ihren Häusern kommen, unvermummt und ohne Eile. Kinder, die jetzt geboren werden, wachsen dem Sommer entgegen und werden glücklichere Kinder sein. Die Sorgen der Welt werden etwas kleiner erscheinen, und die Hoffnung, die erstorben zu sein schien, verströmt sich über den ganzen Äther.

Tag in Bernstein

Über die Hänge des Mains breitete die Sonne ihren letzten Abendglanz und verschleierte Weinberge, kleine Dörfer, auch die Gesichter der Menschen, die sich von den Feldern nach Hause bewegten.

Anne schaltete in ihrem Wagen das Licht an, das den sanften Übergang der Natur zu einem jähen Kontrast von hell und dunkel verschärfte. Sie hatte geträumt, und fast wäre ihr ein Radfahrer vor den Kühler geraten, der die Straße vor ihrem unbeleuchteten Fahrzeug zu spät zu überqueren versuchte. Sie schrak auf und beruhigte sich nur langsam, nachdem das helle Band des Scheinwerferlichtes den vollen Blick auf die Fahrbahn freigegeben hatte.

Eine Unruhe in ihr blieb. Sie hatte nichts zu tun mit den Überraschungen des Straßenverkehrs. Nichts konnte Klarheit in ihr Inneres bringen, die Ängste und Zweifel aufhellen, die in ihr hochstiegen, seit Raum und Zeit mehr und mehr Abstand zwischen ihr und der letzten Nacht wachsen ließen. Sie brauchte diesen Abstand, und er tat ihr gut, schien ihr wieder Stärke und Sicherheit zu geben, die sie in einem schwachen Augenblick verloren hatte ...

Sie sah ihn vor einer Würzburger Weinhandlung stehen, offenbar auf der Suche nach etwas Besonderem. „Man findet nur noch selten Rieslinge hier", sagte er mit dem bedauernden Seufzer des enttäuschten Kenners, als sie sich neben ihn stellte. Sie hatte ihn sofort wiedererkannt: an seiner wuchtigen, durch die Jahre noch etwas massiger gewordenen Gestalt, dem runden Kopf, den er bedächtig von einer Seite zur anderen wiegte. Jetzt blickte er ihr offen in die erwartungsvoll lächelnden Augen. Er kannte diesen tiefen Glanz von Bernstein, der einen anzog wie die offene Tür einer Schatzkammer. Ihn hatte schon früher dieser Blick gefesselt, er hatte von ihm geträumt; aber mehr als Träume waren es nicht gewesen, hatte es nicht zwischen ihnen gegeben.

Sie war von den Eltern streng gehalten worden. Kleinbauern in einem Dorf an der Grenze von Franken und Schwaben, wo die Tauber sich von Rothenburg nach Mergentheim schlängelt und wo überaus liebliche Berge herbe Menschen und herbe, aber charaktervolle Weine wachsen lassen. Er liebte diese Menschen und diese Weine, und sie waren für ihn so etwas wie Heimat geworden, die ihm, dem unsteten Wanderer, fehlte. Er hatte die Vierzig überschritten und fühlte fast unmerklich seine Fähigkeit zu voller, tiefer Freude, zu ausfüllenden, nachhaltigen Gefühlen schwinden. Auch die Fähigkeit zum Genuss und zu jener Erschütterung, die ein einmalig schönes Erlebnis vermittelt, schien nicht mehr vorhanden zu sein.

Und nun stand sie neben ihm, den Blick auf ihn gerichtet, das ebenmäßige Gesicht ihm zugewandt. Bernd war verzaubert. Der Augenblick hatte einen Ring um ihn gezogen, der ihn gegen Vergangenheit und Zukunft, gegen den Ablauf der Zeit, das Zerrinnen des Lebens schützte. Seine Augen, die schmal und kühl geworden waren, erhielten den Glanz zurück, den sie einst hatten, damals, als sie einander noch öfter sahen. Anne war Schülerin seines Vaters, und engere Kontakte mit Schülerinnen waren dem Sohn des Direktors strikt untersagt. Standeshochmut, Berufsethos oder Stadtklatsch: Bernd war unverständlich, dass er sich an dieses kurzsichtige und engherzige Diktat gehalten hatte. So war Anne seinen Augen entschwunden. Beide hatten wechselnde Anstellungen in den entferntesten Städten angenommen, und das heutige Zusammentreffen war ein so unwahrscheinlicher Zufall, dass beide es kaum zu fassen vermochten.

Anne hatte ihren Beruf schon vor mehr als fünf Jahren aufgegeben, nachdem sie den Inhaber eines gutgehenden Geschäftes kennengelernt hatte, den sie wegen seiner zuverlässigen Art schätzen und schließlich auch lieben lernte. Zwei Kinder wurden ihr geschenkt, und sie fühlte sich wie eine Königin in einem geordneten, befriedeten Reich. Erich, ihr Mann, war glücklich in seinem Beruf, er verließ das Haus sehr früh, um es pünktlich zum Abendessen, abgearbeitet zwar, aber angeregt von Eindrücken und Erlebnissen, wieder zu betreten. Die Kinder flogen ihm um den Hals, und danach küsste er seine Frau auf die Wange. Ja, sie küssten sich noch täglich zum Abschied und beim Wiedersehen.

Abends allerdings wurde er früh müde und erhielt regelmäßig ihre Erlaubnis, schon frühzeitig – selten später als neun oder zehn Uhr – das Bett aufsuchen zu dürfen. Sie las oder handarbeitete noch ein oder zwei Stunden und fand ihn dann fast immer tief schlafend vor, so dass die wenigen Anlässe leidenschaftlicher Liebe immer seltener wurden – von beiden auch nicht bewusst vermisst. Sie wäre gern häufiger ausgegangen, hätte Theater- und Konzertabende oder Freunde besucht; doch diesen Wunsch opferte sie auf dem Altar der familiären Zufriedenheit. Die Tage hatten ihr Gleichmaß, ihre sinnerfüllte Stetigkeit und schienen den Rahmen für das zu bieten, was eine Frau sich als Glück gewöhnlich erträumt. Bis zu dem Tage, an dem sie Bernd wiedertraf, war ihr nichts anderes bewusst gewesen. Jetzt kam es ihr vor, als hätte das Leben einen weiten Umweg genommen, um zu seinem eigentlichen Ziel und zu seiner wirklichen Bestimmung zu kommen.

„Du siehst nicht anders aus als damals“, sagte Bernd und betrachtete sie prüfend. „Es ist achtzehn Jahre her“, wagte sie leise einzuwenden, aber dennoch tat es ihr gut und bestätigte sie in der Idee, alle die Jahre seien Umweg, unwirklich, vielleicht gar ein Traum gewesen. Nach den wenigen Worten, die zwischen ihnen gewechselt waren, standen sie wieder stumm voreinander, mit Abstand. Die Welt steht still in solchen Augenblicken, und wahrscheinlich ist es gar nicht die gleiche, die irgendwann danach weiter geht. Bernd war es, der als erster den Faden wieder fand: „Was machst du in Würzburg, was hast du vor? Können wir irgendwo einen Kaffee oder ein Glas Wein zusammen trinken?“ Sie nickte nur, und beide gingen zügig, in einem unabgestimmten Gleichtakt der Schritte, wie er sich zwischen Menschen ergibt, die einander sehr nahe sind. Im „Bürgerspital“, dessen Nischen und Gewölbegrotten Aussicht auf ein unbeobachtetes Gespräch boten, nahmen sie an einem kleinen Tisch Platz. Über ihnen hingen Fässchen mit bacchantischen Motiven, Weinlaub, Putten, dahinter das Fenster, das aus dem Weinkeller auf die Straße führte und in dessen undurchsichtigen Butzenscheiben Geräte aus dem Weinbau, Wappen alter Winzerfamilien in leuchtenden Glasfarben eingearbeitet waren. Der Ort gefiel ihnen. Er kannte ihn aus Studientagen; gemeinsam waren sie noch nie hier gewesen. Er bestellte einen Pfaffenberger Weißburgunder. Sie öffnete die Tüte mit Salz- und Käsestangen, die auf dem Tisch bereitstanden und bot sie ihm an: „Magst du so etwas?" Er nahm mit einem dankbaren Blick von dem frischduftenden Gebäck. Die Minuten, bis der Wein kam, waren schön. Er ließ den ersten Schluck tropfenweise über die Zunge laufen und holte mit fragendem Blick ihre Zustimmung ein, dass der Wein wohlschmecke und er also gut gewählt habe.

Die weiteren Züge lockerten ihre Stimmung erheblich. Erinnerungen längst vergangener Jahre wurden wach, längst vergessene gemeinsame Bekannte kamen zu neuem Leben. Die Frage nach dem Heute, nach Bindungen und Abhängigkeiten, traten zurück, kamen in der Fülle des Auszutauschenden gar nicht ins Bewusstsein. Ein Blick zur Uhr ließ Anne zusammenzucken. Sie zögerte einen Moment, entschuldigte sich dann für einen Augenblick und wählte, nachdem sie den Telefonapparat ausfindig gemacht hatte, mit traumwandlerischer Sicherheit die heimische Nummer. Weder ihrer Stimme noch ihrer Miene, als sie zum Tisch zurückkehrte, war das Geringste anzumerken. Alles war normal, in Ordnung, war es immer gewesen, hatte es zu bleiben – so der Gestalt gewordene Vorsatz ihrer ganzen Person in Gestik und Mimik, Blick und Tonfall. Dabei war nichts mehr, wie es gewesen war.

In seinem Hotel waren die Gäste auf dem Weg zum Abendessen, und die Rezeption schien nicht besetzt. Bernd und Anne gingen unsicher den langen Gang entlang und betraten mit klopfendem Herzen das Zimmer. Bernd entnahm dem Getränkekühlschrank einige Flaschen und machte eine einladende Geste; doch Gin oder Martini blieben unberührt.

Anne warf sich in seine Arme, umschlang seinen Hals und blieb wortlos, fast regungslos. So standen sie eine Weile mitten im Raum. Seine Hände suchten ihr Gesicht, glitten an ihr hinab, zeichneten ihre Konturen vom Nacken über die Schultern, und ohne dass es einer Absprache bedurft hätte, warfen sie nacheinander ihre Kleidung beiseite, so dass sie wahllos und ungeordnet übereinander fiel. Alles war anders, und doch herrschte die gleiche Innigkeit wie in jenem Augenblick am Mittag vor der Weinhandlung, als sie sich zum ersten Mal nach so vielen Jahren wiederfanden. Und nun lagen sie beieinander. Für einige Sekunden kam Ratlosigkeit auf. Um ihr zu entgehen, löschte sie das Licht. Im Dunkel der Nacht verloren sich alle Umrisse und Grenzen.

Als er erwachte, war Anne schon angekleidet. Bernd, der angesichts der Morgenhelle, die durch das Fenster hereintrat, einen Blick auf die Uhr warf, erschrak. Die Zeit reichte nur für einen flüchtigen Kuss und die bange Frage „Sehen wir uns wieder". Bernd hatte das Kopfschütteln schon erwartet und gab sich nicht mehr die Blöße eines traurigen Anscheins auf seinem Gesicht oder gar des Versuchs, durch Betteln ein Wiedersehen herbeizuführen, obschon er es erhoffte.

Der Autoverkehr flutete dicht durch die Straßen wie an jedem anderen Tage. Anne musste lange warten, bis sie die Straße überqueren konnte. Sie verbrachte den Tag mit Besorgungen und ohne jeden Gedanken an das Ereignis, von dem sie betroffen war. Erst am späten Nachmittag wanderten ihre Gedanken zurück.

Über die Hänge des Mains breitete die Sonne ihren letzten Abendglanz und verschleierte Weinberge, kleine Dörfer, auch die Gesichter der Menschen, die sich von den Feldern nach Hause bewegten.

Ein sonderbares Paar

Henrik war an diesem Nachmittag tatsächlich allein in dem großen Haus. Auch im Wartezimmer saß niemand mehr. Er begann gerade aufzuatmen und griff nach einer Zigarette, als es noch einmal klingelte. Vor ihm stand ein mittelgroßer Mann, der unruhig nach allen Seiten blickte, ehe er Henrik fragte, ob er ihn einmal sprechen könne. Sein Haar – ohnehin spärlich – war glatt nach hinten gekämmt, und der Kopf hatte eine merkwürdige Form, die nicht gerade einen vertrauenerweckenden Eindruck machte.

Henrik bat den späten Besucher herein, obwohl er nicht einmal seinen Namen genannt hatte. Es dämmerte schon, und wie um die Unheimlichkeit des Augenblicks noch weiter zu steigern, fragte er Henrik, ob er allein sei. Offenbar wünschte er nicht gesehen und erkannt zu werden.

„Was führt Sie zu mir?" fragte er ihn. Der Mann machte einen gestörten Eindruck, und es gab keinen Zweifel, dass er ihn als Psychotherapeuten konsultieren wollte. „Sie haben in der letzten Woche einen Vortrag in der Stadtkirche gehalten." Henrik bejahte. „Und dabei hat sich an der Diskussion von der Empore aus ein großes blondes Mädchen beteiligt und Ihnen heftig widersprochen."

Henrik erinnerte sich: Neben einer Säule war eine große, eindrucksvolle Gestalt mit langen blonden Haaren mit ein paar Einwänden aufgetreten, die – etwas unklar vorgetragen – mehr den Willen zu prinzipieller Opposition erkennen ließen.

In der Tat hatten ihn diese Beiträge etwas ratlos gemacht. Er hatte ein wenig stockend und in der Sache nicht einmal ganz zutreffend darauf geantwortet. Die Szene wäre ihm entfallen, wenn der Mann sie nicht mit allen Merkmalen der Bestimmtheit wieder aufgegriffen hätte.

„Diese Dame ist mir übrigens gut bekannt", sagte er. Ich lernte sie im Zug nach Hamburg kennen und sprach sie an, um mich mit ihr zu verabreden. Das Gespräch steigerte sich schnell in einen vertraulichen Unterton, da das Mädchen mich vom ersten Augenblick an faszinierte und erregte. Sie war für mich die Verkörperung des Vamps, und ich ließ erkennen, dass ich alles dafür tun würde, sie wiederzusehen; „Was sie sich wünsche", fügte ich hinzu. Kühn und offen antwortete sie: „Was ich mir schon lange gewünscht habe, ist ein Mercedes 450 Coupé!" Sie wird es kaum ernst gemeint haben. Zum Abschied bat ich sie um ihre Adresse, die sie mir gab. Und dann tat ich das Verrückte: Ich gab ein solches Coupé in Auftrag und ließ es ihr eine Woche später vor die Tür stellen. Sie ahnen, was mich das gekostet hat. Und was das Schlimmste ist, ich habe seitdem nichts mehr von ihr gehört. Können Sie verstehen, dass ich jetzt dringend von Ihnen wissen möchte, wie ich mich weiter verhalten soll? Henrik war sprachlos. In seiner zwanzigjährigen Praxis war ihm so etwas noch nicht vorgekommen. Er musterte den Mann, der, wie ihm schien, einen unsteten und gequälten Blick hatte. Woher mochte er soviel Geld haben, und was befähigte ihn zu einer solchen Handlung, in der Großzügigkeit und Dummheit einander überboten? Ein wenig verrückt kam ihm das alles schon vor. Ein Gigantomane, ein geltungssüchtiger Neurotiker? Im weiteren Gespräch bekam er heraus, dass der Mann bei seiner Mutter wohnte. Vielleicht hatte er ihr die Mittel gestohlen; vielleicht hatte er das Geld jahrelang zusammengespart oder durch einen glücklichen Auftrag überraschend verdient. Nun, ihn ging das nichts an. Er schlug ihm vor, der Dame ein Zeichen zu geben, damit er sich in seiner Praxis mit ihr über das schier unglaubliche Geschenk unterhalten könnte.

Ebenso unsicher, wie er gekommen war, verabschiedete sich der Mann. Das Gespräch sollte vertraulich behandelt und auch sein Name – nichts von ihm – bekannt werden. Tat der Mann sich wichtig, hatte er etwas zu verbergen? Henrik kam die ganze Sache rätselhaft vor.

Drei Tage später klingelte das Telefon, und eine weibliche, sehr weiche Stimme meldete sich: „Hier Maria Wegener. Mein Besuch wurde bereits angekündigt. Kann ich einen Termin bekommen?"

Auch wenn er in der Zwischenzeit viele Klienten gehabt hatte, erinnerte Henrik sich sofort an alle Einzelheiten, die ihm der namenlose Patient anvertraut hatte. Etwas zu hastig gab er ihr einen Termin am Montagnachmittag, an dem er wieder allein im Haus sein würde. Er fühlte sich dann sicherer und unbeobachtet und war inzwischen aufs höchste gespannt, wie die Dinge sich weiter entwickeln würden. Die Tage bis zum Montag spielte seine Phantasie um die seltsamen Einzelheiten und Ereignisse herum, aber er kam zu keiner Lösung. Pünktlich um vier Uhr klingelte es am Montagnachmittag, und vor ihm stand die große, schlanke Gestalt, an die er sich aus der Diskussion nach seinem Vortrag dunkel erinnerte. Das lange, blonde Haar fiel auf einen knapp geschnittenen Ledermantel, der vorn offen war und ein gewebtes Wollkostüm bedeckte, das der Trägerin gut stand. Das Gesicht zeichnete sich durch eine schmale, noch etwas kindliche Nase und ein anmutig gerundetes Kinn mit einem reizvollen, kleinen Mund aus. Sie war so groß wie er selbst und höchstens Anfang zwanzig. Anmutige, ein wenig langsame und bemerkenswert sichere Bewegungen fielen ihm gleich ins Auge. Er bat sie herein, und sie erzählte ihm die Geschichte, die er schon kannte, nun aus ihrer Perspektive.

Sie wusste von dem Mann nichts Näheres und sah in ihm einen verrückten Sonderling. Sie schien es gewohnt zu sein, dass Männer ihr ungewöhnliche Avancen machten, und sie hatte das Geschenk vor ihrer Tür zwar überrascht, aber dann doch freudig und ohne jeden Skrupel angenommen. Allerdings war sie unsicher, wie sie reagieren sollte. Auf keinen Fall wollte sie sich kaufen lassen, in Abhängigkeit geraten. Mit ihrem Kopf schien sie eine Rückgabe des Wagens zu erwägen, aber ihr ganzes übriges Wesen ließ nicht daran zweifeln, dass sie dieses Geschenk für angemessen hielt und zu behalten gedachte.

Der Name, mit dem sie sich am Telefon vorgestellt hatte, war übrigens fingiert. Sie nannte einfach den Namen ihres Zahnarztes. Ihr wirklicher Name war Tosca Hamm. Sie war die Tochter eines bekannten Getreidegroßhändlers, aber schon als Zwanzigjährige in eine eigene Wohnung gezogen, da sie sich mit ihren Eltern überworfen hatte und die Freiheit und wohl auch einen Freund liebte, der den Eltern nicht passte.

Dies erzählte sie in kurzen, scharfen Zügen, die etwas Radikales erkennen ließen. Aber auf merkwürdige Weise wurde sogar diese Härte reizvoll, wenn man sie im Kontrast zu ihren sanften Augen und ihren weichen Bewegungen erlebte.

Henrik war beeindruckt, so dubios ihm der Fall erschien: der namenlose Besucher, das Auftreten beider, ohne oder mit vorgetäuschtem Namen. Ihn schwindelte, und hätte er sich nicht durch das Vertrauen geehrt gefühlt, das ihm beide erwiesen, hätte er die Sache selbst für einen ausgemachten Schwindel gehalten.

Doch dieses Mädchen faszinierte ihn. Sie sprachen lange, darunter viel Unnötiges, wie es sich dann ergibt, wenn zwei Menschen zunehmend Freude daran haben, sich miteinander zu unterhalten und die Worte nur noch dazu dienen, die Trennung hinauszuziehen.

Er stellte Rückfragen, und sie erzählte von sich und ihrem Milieu, von Menschen, die sie gemeinsam kannten. Er konnte sich kein rechtes Bild machen und ließ dafür das Bild, das er vor sich sah, auf sich wirken.

Als nach vielen Umwegen und Abschweifungen das Gespräch schließlich einem Ende zugesteuert war, erhoben sich beide von ihren Stühlen, gingen auf einander zu, wie um sich zu verabschieden. Plötzlich standen sie ganz nah beieinander, und ohne besondere Absprache umarmten sie sich. Beide waren nicht im mindesten überrascht, obwohl er sich im gleichen Augenblick klarmachte, dass ihm dies in seiner langjährigen Praxis noch nie wiederfahren war.

Das Merkwürdigste schien, dass inmitten der geheimnisvollen und unerklärlichen Umstände zwischen ihnen eine Vertrautheit war, eine innere Verbindung, die jeden klaren Gedanken auslöschte. Sie trennten sich, ohne sich zu verabreden, wortlos. Er hielt es nur einen Tag aus, dann wählte er Toscas Nummer und hörte am anderen Ende ein leises „Hallo". Als er sich meldete, sagte sie: „Es ist schön, dass Sie anrufen."

Mit diesem Satz eröffnete sie ein Gespräch, das Henrik Einblick in ihr Leben gab. Er genoss ihre Art zu erzählen und stellte schnell fest, dass sie belesen und gut informiert war, obwohl sie nicht einmal eine abgeschlossene Schulbildung besaß. Sie schien keine Verpflichtungen zu haben, außer lange zu schlafen, zu lesen, Briefe zu schreiben und ausgedehnte Gespräche zu führen. Ihn verlangte danach, diese Gespräche ganz in ihrer Nähe, Auge in Auge fortzusetzen. Sie verabredeten sich für das Ende der Woche.

Er hielt vor der angegebenen Hausnummer und fand sich zunächst nicht zurecht. Ein Hof mit abgestellten Fahrzeugen, eine Werkstatt ließ nicht erkennen, wo der Eingang war. Ein halb erleuchtetes, offenbar verhangenes Fenster war das einzige, was das große Haus als bewohnt erkennen ließ.

Schließlich tastete er sich zu einer versteckten Tür vor und klingelte. Der Weg ging über schmale Gänge und unübersichtliche Treppen in einen Raum, der durch seine Größe überraschte. Er bestand aus wenig Möbeln, einem Schreibsekretär, der überbordete mit Büchern und Papier, Briefzeug, einer Sitzecke in dunkelbraunem Cord, einem Klavier und einem geflochtenen Blumenständer in Jugendstilmanier.

Die Fenster waren mit Jalousien in asiatischen Mustern verhängt, die dem Raum ein mattes, aber merkwürdig kaltgraues Licht gaben. Er hatte Herzklopfen.

Sie empfing ihn liebevoll lächelnd, aber ebenfalls ein wenig unsicher. Zur Überbrückung legte sie eine Platte auf, bei deren ersten Klängen er zusammenzuckte. Es war eine harte Beatmusik mit knappen melodischen und umso härteren rhythmischen Elementen – eine Mischung, die ihm zuwider war. Sie schien das zu merken und fragte ihn nach seinem Geschmack. Seine Vorliebe für klassische Musik irritierte sie nicht. Sie tauschte die Platte gegen die neunte Sinfonie von Beethoven aus, ein schier unglaublicher Kontrast. Diese Wirkung war ihm nun auch wieder zu erhaben, aber um das Erreichte nicht zu gefährden, sagte er nichts.

Als das Orchester leiser geworden war, nahm er sie in seine Arme. Mag sein Verlangen oder Beethovens neunte Sinfonie zu starke Akzente gesetzt haben; ihre innige Umarmung war nur von kurzer Dauer. Sie trafen sich noch zwei- oder dreimal, und als er sie an einem Maimittag wieder zu sich einlud, sagte sie zu, erschien aber nicht. Von da an hörten sie nie wieder von einander.

Später erfuhr er auf einem merkwürdigen Umweg, dass der unbekannte Mann, der die Begegnung eingeleitet hatte, ein Vetter seiner Frau war. Er war in seiner Familie wegen seines kühnen Geschäftsgebarens bekannt und berüchtigt und soll bald darauf in einen Bankrott und, dem Gerede nach, sogar hinter Gittern geendet sein.

Entführung eines Opfers

Tiefhängende Wolken mit zerfransten Rändern jagten ostwärts über den Himmel. Von Zeit zu Zeit ließen sie ein Stückchen Blau durchscheinen, und ganz selten erreichte ein Sonnenstrahl die Erde, der sein blasses Licht auf das regennasse Land scheuchte, ehe er von der nächsten Wolke fortgerissen wurde. Die kahlen Bäume beugten sich pfeifend im Wind, der zeitweise Orkanstärke erreichte. Der Sturm ließ gegen Abend nicht nach – ein Abend von der Art, der Menschen an die wärmenden Kamine flüchten lässt oder zu finsteren Vorhaben hinaustreibt, deren Spuren sie in den Wind schreiben möchten.

Eva entzündete mit einer zusammengeknüllten Zeitung die Birkenscheite, die sie auf dem Rost ihres Kamins aufgeschichtet hatte, und war erleichtert, als die Flamme sofort um sich griff und einen lebhaften hellen Schein verbreitete. Das Holz war gut getrocknet, und es dürften Wochen vergangen sein, seit sie dieses sonst nur ihrem Mann vorbehaltene kleine Zeremoniell zuletzt vollzogen hatte. Sie zog die Vorhänge zu und rief in den offenen Flur: „Wolfgang, das Feuer brennt!"

„Nun fehlt nur noch Claudia", sagte sie zu sich selbst, um den Dingen vorzugreifen, die für sie die Garanten eines sicheren und friedlichen Zuhauses waren.

Aber Claudia kam nicht. Auch nicht, als beide Eltern vor dem Kamin saßen, wohl ein Dutzend Scheite nachgeworfen und zunächst gesprächig, dann nur noch stumm in die Flammen geschaut hatten. Jeder machte sich seine Gedanken und wollte den anderen nicht beunruhigen. Wann war ihre Flötenstunde zu Ende gewesen? Das lag Stunden zurück. Ob sie bei einer Freundin eingekehrt war oder inzwischen doch einen Freund hatte, von dem sie nichts wussten, obwohl sie bei einer Sechzehnjährigen nichts dagegen gehabt hätten? Wen sollte man anrufen, und würde man sich nicht selbst in Panik reden? Andererseits: Claudia blieb nie länger fort, ohne zu fragen oder wenigstens Bescheid zu sagen. Heute war sie schon mehr als drei Stunden über die Zeit, zu der sie erwartet wurde.

Sie aßen die wenigen vorbereiteten Schnittchen wortlos und ohne Appetit.

Nur das Rütteln des Sturmes an den Fenstergittern und das gespenstische Klappern einer Regentraufe, deren Blech sich gelöst hatte, waren zu hören. Die häusliche Geborgenheit mitten im Sturm war längst einer unheimlichen Angst gewichen. Keiner wollte dem andern weh tun; gleichzeitig aber spürte jeder, dass ohne das Kind zwischen ihnen nicht viel zu sagen war und Freude erst recht nicht aufkommen konnte. Claudia war es, die Leben ins Haus brachte, für die das Leben sich lohnte und die das Wichtigste, wenn nicht überhaupt noch das Einzige war, was beide verband. Seine Hand griff nach der Kaminzange und ließ sie gleich darauf wieder achtlos sinken, weil er mit den Gedanken woanders war und nicht mehr wusste, weshalb er sie in die Hand genommen hatte. Sie blickte verstohlen auf die Uhr und horchte auf, sobald sie Schritte im Garten oder einen leisen, hellen Ton zu hören glaubte, als ob jemand hastig den Klingelknopf berührt hätte. Wahrscheinlich aber war es nur der Wind, der sein Spiel mit Laub und Papier trieb. Die Stimmung im Raum steigerte sich zur Unerträglichkeit.

Irgend etwas musste geschehen. Sie warteten auf das Klingeln der Haustür oder des Telefons, auf Schritte oder Geschrei, auf etwas, das eine schlagartige Veränderung der Umstände herbeigeführt hätte.

*

Claudia war von Dunkelheit umgeben. Die Binde vor den Augen ließ keinen Schimmer Licht hindurch. Ihre Augen waren heiß, das Blut pochte in ihren Schläfen und machte ihr die Angst auch körperlich spürbar, die sie seit Stunden durchlebte. Von dem Entführer, der mit ihr den unbekannten Raum teilte, hörte sie nur ab und zu ein Hüsteln oder ein paar schleichende Schritte, die ihre Furcht noch erhöhten. Er sprach sie so selten wie möglich an, mit offensichtlich verstellter, künstlich tiefer gemachter Stimme, die allem Anschein nach seine Jugendlichkeit verbergen sollte. Er konnte nur wenige Jahre älter sein als sie, doch das beruhigte sie auch nicht. Das Zittern ging von den Beinen aus, verkrampfte sich im Bauch, verengte das Herz und stieg in den Druckwellen des beschleunigten Herzschlags in den Kopf.

Auch wenn seit Stunden eine trügerische Ruhe eingetreten war, zitterte das Ereignis in ihr nach, durch das sie in diese verzweifelt wehrlose Lage geraten war. Auf dem Wege von der Flötenstunde zur Bahn – es mochte sechs Uhr abends sein – hörte sie, wie sich ihr ein Wagen langsam von hinten näherte. Auf ihrer Höhe angekommen, hielt er, und der Fahrer öffnete – zu ihr hinüber gebeugt – die rechte Wagentür und bot ihr an, sie mitzunehmen. Er schien ihre ablehnende Antwort nicht zu verstehen, der starke Wind machte dies auch unmöglich. Sie neigte sich durch die offene Tür zu ihm in den Wagen hinein und sah plötzlich erschreckt, dass er maskiert war. In diesem Augenblick griff er sie mit beiden Händen an den Oberarmen und zog sie in den Wagen hinein, warf die Tür zu und brauste davon. Claudia, ohnehin zart gebaut, war durch den Schreck wie gelähmt und zu jeder Gegenwehr unfähig. Als sie nach Sekunden zu schreien versuchte, wurde ihr bald klar, dass niemand sie hörte. Ihr ungebetener Chauffeur hielt einen Augenblick, zog mit geübtem Griff einen Strick aus der Tasche, und fesselte ihre Hände damit. Ihre Augen band er mit einer breiten, schalartigen Binde aus grobem Stoff behutsam zu. Dabei verlor er kein Wort und verletzte sie auch mit seinen Bewegungen nicht mehr, als die Umstände und seine unmittelbaren Absichten es gerade erforderten. Nach etwa einstündiger Fahrt, deren Richtung und Verlauf ihr auch dann unklar geblieben wäre, wenn sie bewusster darauf geachtet hätte, hielt der Wagen endlich. Der Entführer stieg aus; kein Laut drang herein, nur das Heulen des Windes, der sich in Vorsprüngen und Verstecken des Autos verfing und hohle, heulende Geräusche erzeugte. Sie fror, und ihr war angst, ja sie fühlte sich so sterbenseinsam, dass sie fast ein wenig erleichtert war, als ihr Begleiter zurückkam und sich ihr zuwandte. Die Luft war offenbar rein, und er konnte es wagen, sie aus dem Auto in irgendein Gebäude zu transportieren. Ein sperriges Tor wurde geöffnet, und mit leichtem Griff dirigierte er sie in einen Raum und auf einen Stuhl, ehe er sich, hörbar aufatmend, eine Zigarette anzündete. Noch nicht ein einziges Mal hatte er das Wort an sie gerichtet. Erst jetzt schien er erleichtert genug zu sein, an etwas anderes als an die Ausführung seines Vorhabens zu denken. Nach zwei Zügen an seiner Zigarette fragte, er unnötige Worte vermeidend und diese wenigen künstlich tief herabgezogen: „Auch eine?" Sie dankte höflich und schüttelte den Kopf, angewidert bei dem Gedanken, er könnte ihr etwas zwischen die Lippen schieben, was sie nicht wollte und wahrnähme.

Nachdem er die Zigarette zertreten hatte, kümmerte er sich um sein Opfer, prüfte mit einigen Handgriffen, ob ihre Lage erträglich sei. Er fragte sie nicht, sondern hob sie ein wenig an, rückte sie zurecht und überzeugte sich von dem Spielraum, der ihrem Körper und ihrem Armen blieb, ehe er das Tor von außen verschloss und kurz danach mit dem Wagen davonfuhr. Allein und frierend zwar, aber ein wenig erleichtert blieb sie zurück. Der Raum war dem Echo der Geräusche nach nicht groß. Eine Halle oder etwas Ähnliches hätte ihr noch mehr Angst gemacht. Von einem weiteren Menschen war nichts zu spüren, und sie war froh, im Augenblick weiteren Übergriffen auf ihre Person nicht ausgesetzt zu sein. Dennoch war die Lage alles andere als erfreulich. Sie begann, sich tausend Gedanken zu machen, wie es mit ihr weitergehen würde. Sie zitterte still vor sich hin, immer wieder von Wellen aufsteigender Angst geschüttelt.

*

Das schrille Läuten des Telefons befreite Eva und Wolfgang aus ihrer Lähmung. Ehe es das zweite Mal klingelte, hatte Wolfgang den Hörer aufgenommen und hastig seinen Namen genannt, um dann mit ängstlicher Aufmerksamkeit auf die Worte aus dem Hörer zu horchen: „Ihrer Tochter geht es gut." Der Mann sprach offenbar mit verstellter Stimme aus einer Telefonzelle. Wolfgang hatte den Eindruck, dass ein unsicherer, jüngerer Mann gesprochen hatte. Eva, die aus ihrem Sessel aufgesprungen war und ihn schreckerfüllt anstarrte, hatte die Lage noch nicht ganz erfasst. „Anscheinend ein junger Mann; er hat nur gesagt, dass es Claudia gut geht", sagte Wolfgang geistesabwesend.

*

Jan Kramer, neunzehn Jahre alt, einhundertsechsundsiebzig Zentimeter groß, schlank, Jeans, Fellstiefel und Felljacke, schmaler Kopf, kurzgeschnittenes glattes schwarzes Haar, fuhr tagsüber mit seinem Renault für einen Gebrauchtwagenhändler Ersatzteile oder führte Bestellungen aus. Er arbeitete unstetig, nachdem er im vorigen Jahr die Realschule in der vorletzten Klasse abgebrochen hatte. Seine Eltern lebten getrennt, seit die Mutter mit der jüngeren Schwester den Vater verließ, der als Taxifahrer Führerschein und Lizenz verloren hatte. Jan hatte keine Beziehung zu seinem Vater und nahm gleichzeitig seiner Mutter übel, dass sie ihn, wie er sagte, im Dreck sitzen ließ. So durchschlurfte er die Stadt, gekleidet in die freiwillige Uniform seiner Generation, blieb an Schaufenstern, an einem Stehimbiss oder an einem Tabakkiosk stehen, an dem er wöchentlich seinen Lottoschein ausfüllte. Zweimal in der Woche konnte man ihn in der Disco seine Cola schlürfen sehen. Tanzen mochte und konnte er nicht. Mädchen gegenüber war er zurückhaltend und gehemmt. Alle Versuche, eine Freundin für sich zu gewinnen, scheiterten. Seine Vorstellungen von einem Leben zu zweit legte er in Gedichten und Tagebuchaufzeichnungen nieder. Eine menschliche Beziehung war es, die ihm fehlte, ein Hauch von Glück und das Gefühl, zu jemandem zu gehören.

*

Claudias Eltern hatten die Mühe längst aufgegeben, sich gegenseitig vorzuspielen, sie seien Herr der Lage und ihrer Gefühle. Zwei Nächte waren ohne Schlaf in langen Gesprächen hingegangen, die von der gemeinsamen Angst um die Tochter gezeichnet waren. Die Polizei war immer noch nicht eingeschaltet, nur von der Post hatte er unter einem Vorwand eine Fangschaltung einbauen lassen.

Der zweite Anruf kam genau zwei Tage nach dem ersten. Wolfgang erkannte sofort die verstellte Stimme: „Ihrer Tochter geht es gut!" „Alles in Ordnung", und legte auf. Eva und Wolfgang ließen sich in ihre Sessel fallen. Verlassen und ratlos starrten sie sich an. „Ich habe Angst", schluchzte Eva heftig. Wolfgang versuchte, sie zu beruhigen: „Es scheint ein ziemlich junger Mann zu sein." Dann ging er aber doch erregt im Zimmer auf und ab. „Kann man es wirklich ohne Polizei wagen?" Was wollte der Mann von Claudia. „Wir hätten sie abholen sollen wie früher!" Zum ersten Mal trat ein Vorwurf zwischen sie. Zu der Angst schlich sich die Gefahr einer langsam hervorbrechenden Feindseligkeit als Folge ihrer jahrelangen Entfremdung. Wolfgang überlegte einen Augenblick, ob er diesen Vorwurf kontern sollte. Schließlich hatte sie selbst ein Auto. Aber dann hielt er es für richtiger zu schweigen.

*

Claudia lernte allmählich, mit ihrer Angst zu leben. Von Zeit zu Zeit überfielen sie Wellen der Sehnsucht und des Selbstmitleids. Zwischendurch aber ertappte sie sich dabei, ihre Situation spannend und abenteuerlich zu finden.

Jan war am ersten Abend mit einer warmen Steppdecke und Proviant, bestehend aus Brötchen, Leberwurst, Cola und Sekt, zurückgekehrt und hatte sie gefragt, ob sie Appetit habe. Sie schüttelte nur den Kopf, überlegte es sich nach einer Stunde aber doch anders. In dem Kampf zwischen Stolz und Hunger siegten im Laufe der Zeit Appetit und Neugier. Jan löste ihr die Handfesseln und brachte sie zu einem matratzenartigen Polster, das er in einer Ecke für Claudia vorbereitet hatte. Er gab ihr eine Colaflasche in die Hand, während er hörbar ein Brötchen aufschnitt und bestrich. „Wie viele davon schaffst du?" Die Stimme klang natürlicher und jünger als am Anfang. „Noch eins", lautete ihre Antwort. Es war ihr unheimlich, etwas zu essen, was sie nicht sehen konnte. Aber mit dem ersten Abbeißen wich diese Sorge. Leberwurst und Brötchen waren ihr etwas Vertrautes, und bald kaute sie und trank von Zeit zu Zeit einen Schluck aus der Colaflasche.

Sie erschrak nur kurz, als er den Plastikkorken aus der Flasche gegen die Decke knallen ließ. „Magst du Sekt?" Ehe sie antworten konnte, hatte er ihr die Flasche in die Hand gedrückt, aus der sie eben die leere Colaflasche beiseite gestellt hatte. Sie setzte sie zögernd an den Mund und fühlte dann das Behagen und den prickelnden Reiz, den diese unerwartete Köstlichkeit für sie enthielt. „Danke", sagte sie nur und gab ihm nach einem tiefen Schluck die Flasche zurück. „Wie heißt du?", wagte sie nun zu fragen.

„Jan, sag einfach Jan zu mir." Plötzlich nahm er ihr die Augenbinde ab. „Was soll das, was willst du von mir, hast du mit meinen Eltern gesprochen?"

Jan kniete unschlüssig vor ihr. „Nein, ich habe nicht mit ihnen gesprochen, und ich will das auch nicht, ich will mich mit dir unterhalten!" Claudia nickte ein wenig verstört und war unfähig, ihn näher zu betrachten. Aus seiner Jeansjacke kramte er ein Stück Papier hervor. Es schien aus einem Mathematikheft herausgerissen zu sein. „Falte es auseinander!" Vorsichtig öffnete sie das schon reichlich abgegriffene Papier. „So möchte ich einmal mit einer Frau zusammen wohnen", sagte er entschlossen. Auf dem Papier war säuberlich der Grundriss einer Zweizimmerwohnung zu erkennen. Küche, Badezimmer, kleines Wohnzimmer mit Schlafnische waren wie im Entwurf eines Architekten mit Möblierung eingezeichnet. „Möchtest du auch so wohnen?" Sie nickte nur und entdeckte, dass er am Rand der Zeichnung sogar eine monatliche Kostenaufstellung für Miete, Licht, Heizung und Essen erstellt hatte. Ganz langsam stiegen ihr Tränen in die Augen.

„Träumst du auch von solchen Dingen? Ich habe sogar schon mein Testament gemacht, willst du es sehen?" Claudia schüttelte den Kopf. Sie dachte nicht mehr an Flucht oder Gegenwehr. Sie rückte ein Kissen zurecht, und er deckte sie mit der Decke zu.

Sie fror auch nicht mehr, und nur die Ungewissheit, wie es ihren Eltern gehen möge und wie lange dieser Zustand andauern sollte, ließ sie von Zeit zu Zeit erschauern.

Jan ließ sie bis zum nächsten Vormittag allein, nachdem er sorgfältig alle Sicherheitsvorkehrungen getroffen und das Tor hinter sich verschlossen hatte. Schreien und Lärmen waren zwecklos. Offenbar kam hier nie ein Mensch vorbei, und so schickte sie sich in ihr Los, das nicht ohne Besonderheit und wahrscheinlich einmalig war. Claudia stellte sich die Klassenkameraden vor und was sie jetzt reden würden. Sie genoss das Mitgefühl allein in ihrer Vorstellung. Die Tränen, die ihr dabei aufstiegen, entsprangen weniger der Verlassenheit als der Rührung über die Teilnahme sehr vieler Menschen, die sie sich vorstellte, die bisher oft achtlos und gleichgültig gewesen waren. Auf der Woge dieser Rührung schlief sie gut und länger, als sie erwartet hatte.

Gegen zehn kehrte er zu Claudia zurück, bei sich einen kleinen Kassettenrekorder, der ihn gewöhnlich in seinem Auto mit Rock- oder Popmusik unterhielt. In der Annahme, Claudia werde Durst haben – von sich selbst wusste er das ohnehin – hatte er außer der nötigen Menge Bier einige Flaschen Cola besorgt.

Er fand Claudia wohlauf und bot ihr gleich zu trinken an, nachdem er sie so weit befreit hatte, dass sie sich strecken und die Flasche halten konnte. Er formte die Decke zu einem Rückenpolster, so dass sie einigermaßen bequem saß, stellte das Kassettengerät auf und schaltete es ein.

Danach zündete er sich eine Zigarette an und schlug mit seiner Bierflasche kumpelhaft an die Cola von Claudia: „Prost!"

„Es geht dir doch gut bei mir! Claudia, sag etwas!" „Ja, es geht, ich habe keinen Hunger, ich friere nicht mehr." Plötzlich wurde ihre Stimme heftig: „Wie lange muss ich noch hier sein? Lass mich endlich los! Ich kann dir nicht helfen!"

Mit einer schnellen Bewegung hatte Jan ihr den Mund zugehalten. „Ich lasse dich ja gehen", stieß er erregt hervor.

Jan und Claudia verbrachten die letzte halbe Stunde in gespannter und gedrückter Stimmung. Er suchte noch einige Sachen zusammen und ging dann mit Claudia zum Auto. Es war kurz nach achtzehn Uhr, als er losfuhr. Der Wagen tauchte in den allmählich dichter werdenden Verkehr ein, in dessen Flut sie unbeobachtet die Stadt durchquerten. Jan war nervös. Als der Wagen vor einer Ampel halten musste, quietschte plötzlich neben ihm die Bremse eines Polizeiautos. „Jetzt ist alles vorbei!" durchzuckte es ihn, und er war gerade im Begriff, die Tür zu öffnen und zu fliehen. Da wurde es grün, der Polizeiwagen fuhr an, ohne die beiden zur Kenntnis genommen zu haben. Noch verstört gab Jan langsam Gas und hätte fast einen Einbieger gerammt. Er zitterte, als er unbeobachtet den Rest der Stadt durchquerte. In der nächsten Minute tauchte eine Abfahrt auf, weit und breit kein Mensch, kein haltendes Auto. Er bog in eine kleine Parkbucht ein und hielt. Ehe Claudia ihn anschauen konnte, öffnete er ihr die Tür, stieß sie aus dem Auto, ließ den Motor aufheulen und fuhr ohne Licht in die Dunkelheit davon.

Heut' gehn wir ins Hotel!

Mit Hotel ist natürlich ein Restaurant gemeint. Die Kinder unterscheiden das nicht. Sie finden „Hotel" viel schöner und auf alle Fälle viel geheimnisvoller und attraktiver. Als Vater von fünf Kindern bekomme ich jedes Mal ein merkwürdig gemischtes Gefühl von Stolz und Unbehagen, wenn wir wieder „ins Hotel gehen". Aber zwei- oder dreimal im Jahr muss es ja sein. Kleinere Dorfgasthäuser am Wege nicht gerechnet, die man natürlich einplanen muss, weil man sonst kein Kind auf eine Wanderung mitbekommt. Museen, Kirchen und Schlösser oder gar eine reizvolle Landschaft locken kein Kind hinter dem Fernseher hervor; wenn aber ein bekanntes Ausflugslokal winkt, sind sie dabei. Dort ist das Essen kein Problem. Wenn man ankommt, ist man schon redlich hungrig und müde. Die Kinder hängen auf ihren Stühlen und warten auf Nudeln oder Pommes frites mit Ketchup – neben Würstchen immer noch die unangefochtenen Spitzenrenner unter den „Preisgerichten". Wird dann noch eine Cola spendiert – warum muss es eigentlich immer Cola sein, warum tut es nicht schlichter Zitronensprudel? – ist das Kinderherz voll befriedigt, wird vor allem das Kindermäulchen gestopft.

Heikler sind die festlichen Anlässe, zu denen mit Rücksicht auf die Mutter „die Küche kalt bleibt", ohne dass man gleich in den reimentsprechenden Hähnchenverfütterungsbetrieb gehen müsste. Man sucht sich vielmehr ein Lokal der gehobenen Güteklasse. Weil man es seinen Kindern für den zu entwickelnden guten Stil schuldig zu sein glaubt, zwängt man sie in die Konfirmationsanzüge, soweit sie Jungen sind, in die Kleider, um sie als Mädchen kenntlich zu machen, während sie sonst fast ausschließlich Jeans und Pullis tragen. Damit ist dem Ereignis – so meint man – der nötige festliche Rahmen gegeben, auf den die Erwachsenen natürlich von selbst achten.

Man betritt das hochansehnliche Lokal, und während die Eltern vom Empfangschef begrüßt werden, haben die beiden Jüngsten schon zweimal die Runde durch die Drehtür gemacht. Die Andeutung einer Stirnfalte genügt, sie dem Konvoi wieder einzuverleiben, der sich nun zu einem Platz in der Nähe des Fensters begibt und dort strategisch die Sitze verteilt: Vater und Mutter einander gegenüber, ein Kleineres neben ein Größeres, falls sich nicht aus einer merkwürdigen Anwandlung von schamvoller Geschlechterzugehörigkeit die Töchter um die Mutter und die Söhne um den Vater scharen.

Mit der Wahl beginnt die Qual. Zum Glück ist eine Karte für jeden da, aber das reicht als Grundlage für die Wahlentscheidung nicht aus. „Was nimmst Du?" „Ich weiß noch nicht." Vater liest die Kindermenüs vor, die es aus löblicher Rücksichtnahme auf die Kleinen heute auf einer wachsenden Anzahl von Speisekarten gibt. Niemand legt Wert darauf. Wahrscheinlich sind sie bei Kindern schon als Symbol des Unmündigenstatus eingestuft und verrufen. Nach meinen Erfahrungen essen Kinder noch viel kindlicher und wollen auch im feinsten „Hotel" nichts anderes als ihre große Schüssel Pommes frites, oder sie möchten ein großes Menü mit Suppe und Dessert wie die Erwachsenen auch. Der Älteste hat gewählt: Ein Pfeffersteak mit vielen Beilagen; die Kleinste hat entdeckt, dass es Schokoladenpudding gibt. Sie möchte nichts weiter, aber möglichst eine ganze Schüssel davon. „Das geht nicht!" (Warum eigentlich nicht?)

Man möchte ja den Kindern eine gehobene Esskultur sowie Tischmanieren beibringen, und eine Schüssel Schokoladenpudding stünde diesem edlen Zwecke entgegen. „Ich mag aber nichts anderes." Inzwischen entscheidet sich ihre ältere Schwester für ein Kalbsmedaillon, ebenfalls ein komplettes Menü. Mutter möchte Rumpsteak, während Vater sich für Hasenschlegel entscheidet und klug zu handeln glaubt, weil er den zu Hause nicht bekommt. Die Zweitjüngste möchte aber genau das, was sie zu Hause auch hat, nämlich nur Nudeln mit Soße, der Zweitälteste eine große Schüssel Pommes frites und nur, wenn es sein muss, ein Stück Fleisch dabei.

Die Eltern blicken sich an, und ihr Lächeln signalisiert Kapitulation. So bekommt die eine ihren Schokoladenpudding, die andere ihren Nudelpamps und der dritte seine Pommes frites

mit oder ohne Fleisch. Die Esskultur ist vertan, die Sonntags-
laune gerettet. Die Bestellung wird aufgegeben. Fast hätte die
Jüngste es sich noch anders überlegt, aber irgendwo muss ein
Punkt sein. Mitunter ist in letzter Sekunde noch zwischen drei
Alternativen zu wählen. Die Speisekarte kann auch zu reichhal-
tig sein, jedenfalls für die großen Augen der Kinder.

Dann beginnt das Warten. Alle sind durch den nervenaufrei-
benden Entscheidungsvorgang und durch den Hunger ein
wenig gereizt. Jetzt sollte es etwas zu tun geben. Meist liegen
Bierfilze in unheilvoller Nähe und werden im günstigsten Falle zu
Kartenhäusern verarbeitet, im ungünstigsten zu Segelflugzeu-
gen umfunktioniert. Einer quetscht sich den Finger zwischen
zwei Stühlen. Das Sitzen zu dritt in einer Reihe ist etwas unbe-
quem und – wie es sich hier zeigt – nicht ungefährlich. Selten
trifft man einen Tisch, der groß genug ist für eine solche Runde,
noch seltener den idealen runden Tisch.

Sinnigerweise kommen zuerst die Getränke, die vor dem Ein-
treffen der Speisen bei den Kleineren meist schon ausgetrun-
ken sind. Ein Glas fällt um. Zum Glück war es nur noch halb voll.
Der Segen ergießt sich über die Tischdecke und dann auf ein
blütenfrisches Kleid, was mit einem Schrei vermeldet wird, der
uns die Aufmerksamkeit des Lokals zuzieht. Vater treten die
Schweißperlen auf die Stirn. Einmal ist es heiß, zum andern für
erzieherische Maßnahmen nicht der richtige Ort, für Blamage
fehlt die nötige Bereitschaft: Man sieht am besten weg.

Ein paar drohende Blicke halten die Verhältnisse unter Kon-
trolle, die jedoch verloren gehen kann, wenn sich das Warten
noch länger hinzieht. Dann werden Stühle gerückt, wird von
beiden Seiten am Tischtuch gezogen, um Bierfilze gestritten
und das Risiko eines neuen Glasbruches eingegangen. Die
Kleine entdeckt draußen ein Pferd und möchte ganz aufs Essen
verzichten und lieber hinaus. Mutter bringt sie mit Mühe davon
ab. Vater bemüht sich, mit den Söhnen ein vernünftiges Gespräch zu führen, aber alles zappelt dem Essen entgegen. Die
Blicke wandern über die Nachbartische und hängen schließlich an der magischen Schwungtür zur Küche fest, durch die

von behenden Kellnern die riesigen Platten und Schüsseln getragen werden.

Schließlich wird das Warten belohnt. Dafür, dass es lang war, kommen alle Gerichte zugleich – ein beispielhaftes Lokal! Jeder ist im großen und ganzen zufrieden. Die eine schafft ihren Schokoladenpudding nicht, der anderen werden die Nudeln zuviel, man einigt sich auf einen angemessenen Tausch. Da dem Ältesten das Pfeffersteak zu scharf ist, fällt es an den Zweiten. So bewährt sich auch hier die freie Marktwirtschaft, ein Glücksfall, der allerdings nicht immer eintritt.

Das Aufessen ist kein Problem. Bei so vielen Mäulern tritt der „Goldfischeffekt" ein: Ein einzelner Goldfisch nimmt bekanntlich nur ganz wenig Futter. Sobald man zwei oder drei dazugibt, schlingen sie unmäßige Mengen hinunter, wahrscheinlich aus Neid und Angst, der andere könnte zuviel kriegen. Ein Einzelkind bei Tisch mag weniger auffällig und störend sein, weniger Risiko zur Blamage bieten. Aber wenn ich die Mütter mit einzelnen Kindern mit guten und bösen Worten auf sie einreden und sie zum Essen zu bringen versuchen sehe, kann ich nur lächeln. Meine fünf hauen rein, dass kein Salatblatt übrigbleibt – zumal es nur dann ein Eis hinterher gibt. Und dafür ist allemal noch Platz.

Der Tisch sieht aus wie ein Schlachtfeld. Statt einer feierlichen Angelegenheit ist das Essen im „Hotel" wieder einmal zu einem Schlachtfest oder – andersherum – zu einer Festschlacht geworden.

Tigerkätzchen entlaufen?

„Nein, keine Katze", hatte Mutter gesagt, „meinetwegen Hamster, ein Meerschweinchen oder Goldfische, aber keine Katze!" Doch die Kinder hatten ja schon zwei Hamster, ein Meerschweinchen und vier Goldfische, aber noch keine Katze. Hätte ein Pony zur Wahl gestanden, hätten sie nachgegeben und von der Katze Abstand genommen. Aber so erschien ihnen eine Katze als das höchste noch zu erreichende Glück dieser Welt.

Kein Tag verging, ohne dass Christine zu Bihlers hinüberging, um mit der grauen Katzenmutter zu spielen. Man musste zugeben, auch wenn man Katzen nicht mochte, Bihlers Katze war ein Prachtexemplar ihrer Gattung, ausgestattet mit einem makellos silbergrauen, gepflegten wohligweichen Fell und von schmiegsamer Freundlichkeit. Katzenfreundlich sagen die Leute, ohne Bihlers Katze zu kennen, und meinen es als Beleidigung. Zugegebenermaßen war also Christines Lieblingstier die Bewunderung und Anhänglichkeit, die sie und ihre Geschwister ihr entgegenbrachten, wert, und sie erwiderte sie auch.

Sie besuchte uns und bekam ihr Schälchen Milch oder ein Stückchen Wurst und wusste es mit viel Anmut zu sich zu nehmen. Dass sie immer etwas bekam, war wohl auch der Grund, dass sie sich eines Tages in dem kleinen Schuppen am Haus im Winkel verkroch, in den sie sich einen alten Sack und ein paar zerfetzte Lappen gezerrt und zu einem Nest zusammengelegt hatte. Ein paar Tage sah man sie nicht. Die Mutter atmete auf, zugleich schwante ihr – wohl in so etwas wie mütterlichem Mitempfinden –, dass Ungewöhnliches bevorstand.

Es waren keine drei Tage vergangen, da hörte sie aus dem kleinen Schuppen ein Freudengeschrei, und im nächsten Augenblick strahlten ihr, als sie nachsah, sechs Kinder- und vierzehn Katzenaugen entgegen. Das heißt die Katzenaugen strahlten eigentlich nicht, denn die kleinen Kätzchen hatten sie noch gar nicht offen, sondern kuschelten sich nackt und blind aneinander, und man konnte nicht sehen, ob sie von dem Freudengeschrei der Kinder erschreckt oder beglückt waren.

Andreas war – wohl in so etwas wie väterlichem Mitempfinden – am meisten aufgeregt, und ausgerechnet er musste der Mutter erzählen, wie sie sie gefunden hatten. Beim Versteckspielen hatte er sich hinter den Schrank im finstersten Winkel des Schuppens verkrochen und plötzlich neben sich zarte Geräusche wie Quietschen und Schmatzen vernommen und dann Bihlers Katze gesehen, die so ganz anders dalag als sonst. Kein Wunder, denn als er genauer hinsah, seien hinter ihr die sieben Kätzchen aufgetaucht, die sie heftig um Nahrung bedrängten. „Gelt, wir dürfen sie doch behalten!"

Das war es, was die Mutter nach dem Augenblick ungetrübten Glücks, den neugeborene Wesen wohl auf jedes fühlende Herz, vor allem auf Mütter ausüben, befürchtet hatte. Sie zögerte mit der Antwort. Doch Christine, Andreas und jetzt auch Markus bedrängten sie, baten, ja flehten sie an. „Aber das kann ich doch gar nicht entscheiden", wich sie aus, „da müsst ihr doch Bihlers und übrigens auch Vater fragen".

Im nächsten Augenblick stand sie allein. Alle drei stoben um die Ecke, um Bihlers das süße Geheimnis mitzuteilen, das nicht lange eins gewesen war, und sie zugleich mit ihren Besitzwünschen vertraut zu machen. Es bedurfte keiner großen Überredungskunst, denn junge Katzen gehören auf dieser Welt nicht zu den beliebtesten Neuankömmlingen. Dazu sind sie – bei aller Possierlichkeit – mit Verlaub zu sagen nicht essbar genug. Bihlers waren überdies mit Katzen schon reichlich gesegnet, so waren sie froh, dass die Nachricht von der Geburt gleich mit dem Antrag auf Adoption verbunden wurde.

„Ihr könnt sie gern behalten, nur müsst ihr sie noch zwei oder drei Wochen bei der Mutter lassen, damit sie erst noch etwas größer werden. Sonst sterben sie." Das wollten die Kinder natürlich nicht, zumal sie täglich nach ihnen sehen konnten und Bihlers erlaubten, dass die Katzenmutter so lange bei ihnen im Schuppen blieb. Danach sollte sie aber wieder zu ihren Eigentümern zurück, und die Kleinen würden ein Nestchen im Kinderzimmer oder, wenn die Mutter dies nicht erlaubte, im Keller bekommen.

Aber sie hatten ja noch gar nicht die Erlaubnis des Vaters. Der kam am Abend von einer Reise nach Hause und hatte natürlich von der ganzen aufregenden Geschichte noch nichts gehört, sondern wurde auf hungrigen Magen mit dem Ergebnis konfrontiert. „Das ist ja eine schöne Bescherung", war sein erster und für einige Zeit sein einziger Kommentar.

Als er schließlich einen Blick auf die süßen kleinen Fellknäuel warf, war sein einziger Kommentar: „Seltsam". Und jetzt merkten es auch die Kinder: Kein einziges sah aus wie die Mutter. Soweit man ihr Fell erkennen konnte, waren sie alle tigerfarben mit wunderschönen weißen Pfoten. Wie konnte das nur sein? Vater murmelte etwas von Mendelschen Gesetzen, gegen die das verstieße. Hatte die Katzenmutter etwa irgendein Gesetz übertreten, etwas Verbotenes getan? Aber nein, Vater erklärte den Kindern, dass die Erbanlagen bei Kreuzungen sich zu gleichen Teilen mischen und im gleichen Verhältnis bei den Nachkommen wieder auftauchen müssen. Nun gebe es aber stärkere und schwächere Eigenschaften, dominante und rezessive, wie er sagte. Es könne also sein, dass das graue Fell eine rezessive, eine schwächere Eigenschaft sei, und das Tigerfell eine stärkere. Es kann aber auch sein, dass die graue Mutter in ihrer Verwandtschaft bereits eine Ausnahme sei und zu den Vorfahren der Kleinen fast nur tigerfarbige Katzen gehörten. Aber das ließe sich bei den freien Sitten der Katzen nicht gut feststellen, Allerdings war es richtig, dass Bihlers sonst fast nur tigerfarbige Katzen hatten. Aber diese naturkundlichen Probleme hatten von dem viel drängenderen Problem abgelenkt.

„Dürfen wir sie nun behalten?" Vater schüttelte den Kopf, nachdem er sich mit den Augen bei Mutter vergewissert hatte, dass sieben weitere Ess- und Schlafgäste im Hause wirklich zuviel seien. „Nein, Kinder, es geht wirklich nicht, wir müssen sie weggeben." „Ooooh", ließen die Kinder ihre Enttäuschung laut werden, in die sich doch noch ein wenig Hoffnung mischte. Sie wollten nicht einsehen, was jeder einmal begreifen muss, dass auf dieser Welt nicht jeder Erdenbürger gleich willkommen ist und dass jeder sein wohlvorbereitetes Plätzchen braucht, vor allem, wenn er auf ein Dach über dem Kopf, auf Pflege und Fütterung angewiesen ist. Leider wissen Katzenmütter das nicht, und wenn sie es wüssten, sie könnten es auch nicht ändern, wenn es doch Menschen schon schwerfällt ...

Die Kinder baten noch einmal, schmeichelten und versprachen, alles zu tun, woraus bisher meist nichts geworden war, der Mutter in der Küche, dem Vater im Garten zu helfen. Aber der Vater blieb bei seinem Nein, da auch seine Frau sich nicht guten Gewissens zu der unerwarteten Vergrößerung ihrer Familie bereitfinden konnte.

Andreas war es schließlich, der auf den glücklichen Einfall kam: „Dann könnten wir doch wenigstens eine behalten!" Die Eltern sahen sich einen Augenblick an, Mutter machte eine bedenkenvolle Schnute, Vater wiegte den Kopf hin und her und ließ sich schließlich zu einem Nicken herbei. Das war Grund für einen neuen Aufschrei der Freude. Das Restchen Hoffnung war also doch nicht unbegründet gewesen. Nun konnte man ja alle Liebe, die man auf die sieben verteilen wollte, dem einen zugute kommen lassen! – Aber was sollte mit den sechs anderen werden? „Vielleicht möchten Rose und Hanne sie haben", „oder Cornelia", „oder Klaus", hofften die Kinder weiter. Und dann gingen sie auch schon auf die Suche nach neuen Pflegestellen, um am Abend alle mit hängenden Köpfen zurückzukommen. „Keiner will sie haben." Der Katzen ganzer Jammer fasste sie an, und sie schienen wieder etwas von der Unerwünschtheit und Heimatlosigkeit dieser und zahlloser anderer kleiner Wesen zu spüren.

„Können wir nicht eine Anzeige aufgeben?" schlug die Mutter vor. Begeistert stimmten alle zu und klammerten sich an diesen Vorschlag als an eine letzte Hoffnung. Und so stand denn am übernächsten Morgen im ‚Generalanzeiger' eine kleine Notiz von zwei Zeilen im Kästchen: „Wurf mit sechs jungen Katzen abzugeben. Zuschriften erbeten an ..."

Als die Kinder aus der Schule kamen, war die erste Frage: „Sind die Katzen noch da?" „Sie müssen ja noch da sein, denn wir können sie jetzt doch noch gar nicht abgeben. Sie sind noch viel zu klein. Erst müssen wir ja auch jemanden gefunden haben, der sie nimmt", antwortete die Mutter. Es hatte sich noch niemand gemeldet, und es meldete sich auch bis zum Abend und auch in den nächsten Tagen niemand auf die Anzeige. Wer möchte schon einen ganzen Wurf junger Katzen haben!

Alle, auch die Eltern, waren von dieser Tatsache bedrückt und beratschlagten, was nun geschehen solle. „Man kann sie doch nicht einfach totschlagen", meinte Markus, und entrüstet wiesen die Geschwister einen solchen Gedanken weit von sich. Vater schlug vor, dass alle noch einmal in der Klasse fragten, er selbst würde einige Bekannte fragen, und morgen solle man dann berichten, ob es irgendeine Aussicht gäbe. Auch am nächsten Tage saßen sie mit gesenkten Köpfen beieinander, keiner brachte eine gute Nachricht. Ein Kollege von Vater wäre eventuell, aber nur, wenn es sonst gar keine Möglichkeit gäbe, bereit, eins der Tiere zu nehmen. – Die ganze nächste Woche ließen sie so ihre Köpfe hängen.

„Ich verstehe das gar nicht, die Menschen sind doch sonst tierlieb, sie füttern die Vögel im Winter und suchen jedes entlaufene Tier wiederzubekommen. Ich habe einmal drei Tage hintereinander eine Anzeige gesehen; ‚Cockerspaniel entlaufen‘", wusste die Mutter. – „Entlaufen!" zündete es bei Andreas, „das ist das Stichwort! Wir müssen es unter ‚Entlaufen‘ setzen!" Der Vater lächelte zunächst ungläubig, und auch die anderen gewannen der Sache nicht viel Hoffnungsvolles ab. Aber dann meinten sie doch, „vielleicht hast du recht". Und so kam es, dass zwei Tage später in der Samstagsausgabe ein wirkungsvolles Inserat prangte mit dem Text: „Hübsches Tigerkätzchen mit reizenden weißen Pfötchen entlaufen? Der ehrliche Verlierer wird gebeten, es umgehend abzuholen bei ..." Und das Ganze in wirkungsvoller, fetter Umrandung, die man nicht übersehen konnte.

Was keiner mehr zu hoffen wagte, geschah. Als alle sich zum Mittagstisch versammelten, begrüßte sie die Mutter strahlend und erleichtert: „Ich konnte mich vor ‚ehrlichen Verlierern‘ heute morgen gar nicht retten. Kaum waret ihr aus der Tür, klingelte schon der erste und fragte nach seinem Tigerkätzchen. Es verging keine Stunde, da kamen zwei ältere Damen und nahmen eins mit. Eins holte ein offenbar vermögender Mann mit Chauffeur. Seine Kinder hätten es verloren. Und dann kamen eben erst nach der Schule und kurz ehe ihr klingeltet nacheinander vier Kinder, die ihr Tigerkätzchen holen wollten. Das letzte musste allein wieder heimgehen, denn eins wollen wir ja behalten!" Die andern sperrten Mund und Nasen auf und brachen dann in ein erschütterndes Gelächter aus. „Das sollte man doch nicht für möglich halten", fasste sich der Vater „einen Wurf junger Katzen bringt man auf ehrliche Weise nicht los, und wenn man reizende Tigerkätzchen mit weißen Pfoten einzeln anpreist, kann man sich vor ‚ehrlichen Verlierern' nicht retten! Aber eigentlich kann man ihnen keinen Vorwurf machen, denn wir waren ja ebensowenig ehrliche Finder wie sie ehrliche Verlierer."

Und so fanden alle ein Zuhause. Bei uns blieb als einziger Constantin, der Beständige, Siegreiche, der für würdig befunden wurde, zu bleiben.

Habicht und weiße Taube – das paradoxe Prinzip

Von einem Taubenzüchter hörte ich eine Erfahrungsregel, die mich zunächst überrascht, mir dann aber sehr eingeleuchtet hat: In einen Schwarm grauer, unauffälliger und gegen die Angriffe von Greifvögeln gutgetarnter Tauben setzt man eine weiße. Dies hat den Sinn eines Schutzes für die anderen, die scheinbar von der Natur schon so gut geschützt sind. Aber eben, da die weiße Taube es nicht ist, hat sie sich von klein auf daran gewöhnt, aufmerksamer zu sichern und um sich zu spähen und den Feind, vor allem den Habicht, eher zu entdecken als die anderen, die sich in ihrem Tarnkleid sicher wähnen. Gerade die gefährdete also dient dem Schutz gegen die Gefahr. Die Gefährdung selbst hat sie gleichsam immun gemacht und ist ihr bester Schutz geworden. Und so kann sie damit auch andere vor der Gefahr schützen. Ein merkwürdig paradoxes, aber frappierend einleuchtendes Problemlösungsverhalten!

Ein anderes Paradox nannte mir ein Pädagoge, als ich ihn fragte, was man gegen dauernden Hustenreiz tun könne. Er antwortete: Rizinus. Beim zweiten Nachdenken kommt man auf den Zusammenhang und muss zugeben, dass hier eine Lösung vorgeschlagen wird, wo man sie gar nicht vermuten würde. In beiden Fällen – und in vielen anderen, die im folgenden noch zu erörtern sind – liegt die Lösung ganz woanders, als wir sie erwartet haben, und besteht oft in einer paradoxen Widersprüchlichkeit zu den gewohnten und herkömmlichen Lösungsversuchen, vor allem, wenn diese sich längst erschöpft haben.

Die Erfahrung ist nicht neu, und Beispiele reichen mehr als 650 Jahre – wenn nicht noch weiter – zurück.

Im Jahre 1334 wurde die Kärntner Burg Hoch-Osterwitz, auf einem weithin sichtbaren Felskegel thronend und heute ein beliebtes Besuchsziel vieler Urlauber, von der Herzogin von Tirol eingeschlossen und belagert. Ihr war klar, dass die Festung niemals im Sturm, sondern nur durch Aushungern bezwungen werden könne. Nach vielen Wochen gingen den Verteidigern die Vorräte tatsächlich aus, bis auf einen Ochsen und zwei Sack Gerste. Aber auch der Zustand der Belagerer war schwierig geworden: Die Moral der Truppen ließ nach, zumal das Ende der Belagerung nicht abzusehen war. In dieser Situation entschlossen sich die Verteidiger der Burg, alles auf eine Karte zu setzen und eine Kriegslist anzuwenden, die den eigenen Leuten selbstmörderisch erscheinen musste: Der Kommandant befahl, den letzten Ochsen zu schlachten und seinen Bauch mit der restlichen Gerste vollzustopfen. Dann ließ er ihn über die Mauer auf die steile Felswand vor das feindliche Lager hinunterwerfen. Verblüfft von dieser scheinbaren Geste des Überflusses räumten die Belagerer ihre Stellungen und zogen ab. Hoch-Osterwitz war ohne Nahrung, aber auch ohne Bedrohung und damit in der Lage, sich neue Vorräte zu schaffen.

Uns mutet die Lösung des Konfliktes, der sich bis zur Unerträglichkeit zuspitzt – in diesem Fall sprechen wir von Krise – mit Recht paradox an. Wir verhalten uns gewöhnlich in vergleichbaren Situationen anders: Bei wachsenden Widerständen steigern wir kontinuierlich das Maß unserer Aufwendungen, das die Widerstände in Schach halten oder möglichst bezwingen soll. Wenn es draußen kälter wird, heizen wir unsere Behausung. Wenn es noch kälter wird, legen wir noch ein Holzscheit auf oder drehen die Heizung höher. Dieses Verfahren reicht bei Problemen, auch wenn sie sich zuspitzen, aus, jedenfalls so lange, als durch die quantitative Steigerung der konfliktverursachenden Tatsachenkomponente kein qualitativer Umschlag oder eine nicht mehr einzuholende quantitative Übersteigerung abzusehen ist. So sind im strengsten Winter Temperaturen unter minus 50 Grad unwahrscheinlich, und darauf sind unsere Heizungssysteme eingerichtet. Bei tiefer fallenden Temperaturen würde nur ein Systemwechsel helfen. Hier müsste etwa die Widerstandsfähigkeit des menschlichen Körpers durch Kreislauftraining gesteigert werden. Vielleicht ist es kein Zufall, dass die Sauna mit ihrem Wechsel von hohen Temperaturen und Waschungen in frischem Schnee oder eiskaltem Wasser gerade aus Russland und Finnland, also Ländern mit besonders harten Winterbedingungen, stammt. Hier wird also gegen die in höchstem Maße bedrohliche Kälte nicht nur die konventionelle Gegenmethode gesteigerter Wärmeanwendung verabreicht, sondern gerade in Paradoxie dazu ebenfalls Kälte.

Hier begegnet uns das Prinzip, das wir vereinfacht und vorläufig als „Methode umgekehrt" bezeichnen wollen. Wenn die Steigerung eines Problems durch Eskalation, also gleichmäßiges oder alternierendes Anwachsen beider gegensätzlicher, aber aufeinander bezogener Problemkomponenten nicht mehr zu steigern ist oder die Steigerung ein lebensgefährliches Ausmaß anzunehmen droht, hat die beste Aussicht auf Lösung des Problems die Umkehrung der Versuchsrichtung, das Auf-den-Kopf-stellen der konventionellen Lösungen, die Paradoxie.

Dieses Prinzip begegnet uns schon im Tierreich. Wenn zwei rivalisierende Tiere, z.B. zwei Wölfe, ihren Kampf durch direkte Kraftanwendung nicht entscheiden oder nur mit blutigem oder gar tödlichem Ausgang beenden können, zeigt einer der beiden Kämpfer die sogenannte Demutsgeste: Er bietet dem Gegner seinen Hals zum Biss dar. Daraufhin erfolgt bei diesem die sogenannte Tötungshemmung. Er verweigert den Biss und lässt den wehrlosen Gegner laufen. „Methode umgekehrt" hat beiden genützt: Der eine bleibt am Leben, der andere wird zum Sieger erklärt.

Die gleiche Paradoxie hat das Christentum in seinem bis zur Feindesliebe reichenden Liebesgebot angewandt: „Schlägt dich jemand auf die rechte Backe, biete ihm die andere auch dar" und dem Grundsatz, Böses nicht – wie es nahe liegt – mit Bösem, sondern mit Gutem zu vergelten. Die Erfahrung lehrt, dass dies nicht nur ein ideales Ziel, sondern das klügere Problemlösungsverhalten ist. Tatsächlich bewährt sich ja auch das Prinzip „Der Klügere gibt nach", jedenfalls wenn keine andere Lösung hilft. Im übrigen begründet sich dadurch vielleicht – wie Marie Ebner-Eschenbach behauptet – „Die Weltherrschaft der Dummheit".

Aber gegen eine unbezwingbare Übermacht wäre verzweifelter Kampf Selbstmord. Dagegen hat der gewaltlose Widerstand, wie wir seit Gandhi wissen, durchaus eine mächtige

Chance. Auch die Taktik der Guerillas besteht ja darin, genau das Gegenteil dessen zu tun, was die regulären Truppen vormachen und auch erwarten. Das war die Chance des vietnamesischen Untergrunds gegen den amerikanischen Overkill. Dringt der Gegner vor, weicht man zurück; zieht er sich zurück, stößt man nach; kämpft er bei Tage, überfällt man ihn bei Nacht; bevorzugt er schwere Ausrüstung, nimmt man leichte, ist er über der Erde stark, geht man unter die Erde. So empfiehlt es sich, nach Wespen nicht zu schlagen, sondern sich um so ruhiger zu verhalten, je aufgeregter sie sirren. Eskalation ist von einem bestimmten Punkte an falsch, Understatement richtig.

Bei negativer Eskalation, also zunehmender Erstarrung, ist es wieder genau umgekehrt: Angriff ist die beste Verteidigung! So soll man, bei Glatteis ins Rutschen kommend, keineswegs bremsen. Der Rutscheffekt würde nur gesteigert. Es empfiehlt sich ein sanftes Gegensteuern, das die unfreiwillige Bewegung auffängt, um sie zu verändern: Wandel durch Anpassung. So werden auch politische und kulturelle Siege häufiger durch Anpassung als durch Unterwerfung gewonnen. So hat sich das Christentum durchgesetzt und sind wir die eigentlichen Gewinner des Zweiten Weltkrieges geworden – allerdings um den Preis allmählicher Amerikanisierung.

In dieser Form wird die Methode umgekehrt in der Wirtschaft an verschiedenen Fronten mit Erfolg verwendet. Was ist die Aussperrung anderes als die Beantwortung des Streiks mit dem unerwartet paradoxen Mittel, die Streikenden nicht etwa zur Arbeit bewegen zu wollen, sondern auch noch alle Arbeitswilligen auszuschließen! Die Methode verkürzt in der Regel die Zahl der Streiktage und die Aufwendungen der Unternehmen.

In ganz anderer Weise folgt gelegentlich die Gegenoffensive auf dem Preissektor. Bekannt ist das Beispiel eines Damenoberbekleidungsgeschäfts, in dessen Schaufenster seit Wochen ein besonders billiges und hübsches Kleid für 27,– Euro ausgestellt war. Der Geschäftsführer verstand nicht, warum es nicht verkauft wurde. Er wandte Methode umgekehrt im buchstäblichen Sinne an und vertauschte einfach die beiden Ziffern. Für

72,– Euro war es im Handumdrehen an den Mann bzw. die Frau gebracht.

Das erinnert fast an jenen Luftwaffenwitz schon aus dem Ersten Weltkrieg: Auf der Herrentoilette unterhielten sich einige höhere Offiziere über die unerklärliche Unfallserie, bei der immer wieder Maschinen des gleichen Typs abstürzten, weil die Tragflächen an der gleichen Stelle rissen, ohne dass eine Ursache erkennbar war. Alle sind ratlos. „Was kann man nur machen?" „Perforieren", wirft der Toilettenmann in der Ecke beiläufig ins Gespräch. „Was meinen Sie mit perforieren?" „Mir ist aufgefallen, dass das Klopapier an allen möglichen Stellen reißt, nur nicht da, wo es perforiert ist." Es ist unbekannt, ob die Methode versucht wurde und mit welchem Erfolg. Bekannt ist aber, dass relativ dünnwandige Hohlträger mehr halten als massive Eisenstangen der gleichen Stärke und des gleichen Materials. Statt im Verstärken besteht auch hier die wirksamste Methode im Weglassen nach dem Motto von Antoine de St. Exupéry „Vollkommenheit besteht nicht darin, dass man nichts mehr zufügen, sondern darin, dass man nichts mehr weglassen kann."

Nach dem gleichen Prinzip – und damit kommen wir auf die Anwendungsbereiche der Methode umgekehrt in Erziehung und Menschenführung – verfährt der Lehrer, wenn er vor einer unruhigen Klasse nicht immer lauter, sondern mit meistens wesentlich größerem Erfolg immer leiser wird. Bei einer wichtigen Mitteilung, die einer Bedeutsamkeitspause folgt und mit fast flüsternder Stimme vorgetragen wird, kann man die bekannte Stecknadel fallen hören. Wirklich gute Verkäufer, aber auch Demagogen und natürlich auch Pädagogen und Psychologen wissen, wie man in bestimmten Fällen die Wirkung statt durch Übertreibung durch das Gegenteil, die Untertreibung, das Understatement, steigern kann. Nach dem alten paradoxen Motto „weniger wäre mehr" zieht eine erkennbare Untertreibung und Unterkühlung erfahrungsgemäß eine gegen Übertreibung kritische Aufmerksamkeit wirksamer an sich als die weitere Steigerung, deren Problematik schon der Theaterdirektor im Prolog zum Faust erkennt und benennt:

„Ich sag' euch, gebt nur mehr und immer, immer mehr,
So könnt ihr euch vom Ziele nie verirren,
Sucht nur die Menschen zu verwirren,
Sie zu befriedigen ist schwer –"

In der Tat: Wer hungert, ist durch Weniges zu befriedigen. Wer bei Vielem unzufrieden bleibt, wird auch durch mehr desselben nicht befriedigt werden können. So kann auch der Trinker nicht durch immer mehr Alkohol satt werden, sondern nur durstiger. Erst der völlige Entzug wird ihn heilen.

Die Sucht ist ein Musterbeispiel für die sinnlose Eskalation der quantitativen Steigerung. Die Umkehrung – allerdings auch im existentiellen Sinne – ist die einzige Chance der Heilung. So kann nach einem Wort Ernst Jüngers der Mittellose Freiheit gewinnen durch den Verzicht, fast ebenso wie der Reiche durch Verschenken. Hier ändert sich die Wirklichkeit nicht quantitativ, sondern qualitativ, ein anderes Vorzeichen vor ihr kehrt sie um und verkehrt ihre Erlebnisqualität. So sagt ein uraltes, außerordentlich lebenspraktisches Sprichwort der Chinesen:

„Wenn ich mich in einer aussichtslosen Lage befinde, habe ich zwei Möglichkeiten, entweder ich ändere die Lage oder meine Auffassung davon."

In Menschenführung sowie in der Ehe- und Partnerschaftsberatung setzt sich mit Recht die Auffassung durch: Es ist nicht zweckvoll und schwer möglich, den anderen zu ändern. Effektiver und leichter ist es, sich selbst zu ändern. Damit ändere ich den anderen wirksamer als durch den Versuch direkter Beeinflussung. Gerade bei Ehepartnern drängt sich dem Beobachter oft das Bild von zwei Seglern auf, von denen der eine sich auf der einen Seite weit über den Bootsrand neigt und damit den anderen zwingt, auf der anderen Seite das Entsprechende zu tun, um das Boot zu stabilisieren. Dies veranlasst sein Gegenüber, sich noch weiter hinauszulehnen, und die Gegenreaktion ist entsprechend. Der gleiche Effekt würde erzielt, wenn einer anfinge, sich wieder zur Mitte hin zu bewegen. Der andere müsste das gleiche tun, müsste seine Richtung auf den anderen zu ändern – mit demselben Stabilitätserfolg, nur etwas sicherer, befriedigender und näher zueinander. Partner, die am anderen etwas kritisieren, können nach beiden Mustern verfahren. „So mag die Frau z.B. den Eindruck haben, dass der Mann sich ihr nicht genügend eröffnet und sie daher nicht weiß, wie er zu ihr steht, was in seinem Kopf vorgeht, was er tut, wenn er von daheim fort ist usw. Verständlicherweise wird sie daher versuchen, diese ihr fehlende Information irgendwie zu erhalten, sei es durch Fragen, durch Beobachtung seines Verhaltens, durch gewisse Nachforschungen und dergleichen mehr. Wenn er seinerseits ihr Verhalten für zu aufdringlich hält, wird er dazu neigen, sich noch mehr abzuschließen und ihr Information vorzuenthalten, die an und für sich harmlos und unbedeutend wäre – nur, um ihr beizubringen, dass sie nicht alles zu wissen braucht'. Dieser Lösungsversuch führt aber meist nicht nur nicht zur gewünschten Änderung ihres Verhaltens, sondern verdoppelt ihr Unbehagen und ihr Misstrauen: ‚Wenn er mit mir nicht einmal über diese belanglosen Dinge spricht, dann muss etwas dahinterstecken.' Je weniger Information er ihr gibt, desto hartnäckiger wird sie sie suchen, und je mehr sie sie sucht, desto weniger wird er ihr geben." (Paul Watzlawick)

In dieser Lage kann es helfen, wenn er ihr bereitwillig alles und noch viel mehr erzählt, so dass sie schließlich das übertriebene Interesse verliert. Durch ähnliche Methoden der Gegensteuerung sind viele seelische und soziale Konflikte zu heilen: Der impotente Mann wird oft schon dadurch geheilt, dass seine Frau nichts mehr von ihm erwartet und der Therapeut ihm sexuelle Betätigung geradezu verbietet. Wer unbedingt glücklich sein möchte, wird es bekanntlich erst, wenn er es nicht mehr will und bescheiden wird, denn „den Seinen gibt's der Herr im Schlaf".

Der Schlaf wiederum lässt sich am ehesten dadurch vertreiben, dass man ihn erzwingen möchte. Sobald es einem gleichgültig ist, ob und wieviel man schläft, schläft man viel länger und besser und leidet nicht mehr unter dem Gefühl, ständig unausgeschlafen zu sein. Es ist der gleiche Zirkel, nur ist aus dem circulus vitiosus ein circulus virtuosus geworden, das halbleere in ein halbvolles Glas umfunktioniert.

Und auf diese Weise kann sogar die Schwäche behoben werden, indem sie zunächst als solche bejaht wird. So ist der erfolgreiche Bergsteiger mit Klumpfuß aus Adlers Theorie über die Kompensation von Organminderwertigkeiten bekannt oder das Beispiel von den beiden Stotterern Demosthenes und Churchill, die beide zu großen Rednern wurden. Es ist wichtig, eine Schwäche erst zu akzeptieren, um sie zu überwinden. Es hilft wenig, den Depressiven aufzumuntern, den Geltungssüchtigen zu dämpfen und zurückzusetzen oder den Schwachen zu überfordern. Gerade die anfängliche Unterforderung – die Steine des Demosthenes verschlechterten ja zunächst den hörbaren Sprecherfolg – kann die Kräfte der Überwindung steigern. So sagt man als Lehrer einem Kinde, das nicht kann, auch nicht „du musst", sondern „du brauchst nicht" – und plötzlich will und kann es.

Nach dem gleichen Muster kann der Mensch – um wieder die Bibel zu zitieren – sein Leben verlieren, von dem er soviel wie möglich haben möchte, und sein Leben gewinnen, indem er es hingibt. Darum macht Geben reicher als Nehmen – aber wie lange braucht man nicht, um dies zu begreifen! Vielleicht wirken darum auch alte Menschen jugendlicher und junge oft so senil?

Auf junge Menschen, die alles besser wissen und gegen das Besserwissen der Alten protestieren, sollten Erwachsene nicht durch Einschränkung und Erniedrigung antworten. So ist es auch die beste Methode, jugendliche Rebellen aus dem negativen Protest herauszuführen, indem man sie an der Verantwortung beteiligt. Rädelsführer verändern sich in leitender Verantwortung ebenso wie ehemalige Gewerkschaftsführer als Arbeitsdirektoren und Aufsichtsratsmitglieder.

Und von einem gewissen Grad der Unerträglichkeit an lassen sich unerfreuliche Entwicklungen in der Öffentlichkeit besser bekämpfen, indem man sie nicht bekämpft. So hat sich auf der Höhe der Studentendemonstrationen die Taktik der Polizei mit Erfolg auch völlig geändert: Statt des Gummiknüppels wurde die Psychologie, statt des Dreinhauens das Weichauffangen eingesetzt. Auch weiß man, dass die Pornographie durch die Freigabe nicht gesteigert, sondern langfristig – weil der Reiz des Verbotenen fehlt – ausgehungert, weil langweilig wird.

Gegen Diffamierungen – das weiß jeder Politiker – zieht man nicht mit Dementis zu Felde, sondern entweder dreht man den Spieß durch völliges Ignorieren um oder – noch raffinierter – greift die Kritik auf und führt sie über sich hinaus und dadurch ad absurdum:

> „Die Selbstkritik hat viel für sich.
> Gesetzt den Fall, ich tadle mich,
> So hab' ich erstens den Gewinn,
> Dass ich so hübsch bescheiden bin.
> Zum zweiten sagen dann die Leut':
> Der Mann ist lauter Redlichkeit!
> Auch schnapp ich – drittens – diesen Bissen
> Vorweg den anderen Kritiküssen.
> Und viertens hoff' ich außerdem
> Auf Widerspruch, der mir genehm.
> So kommt es dann zuletzt heraus,
> Dass ich ein ganz famoses Haus!"
>
> (Wilhelm Busch)

Die eherne Schlange – das homöopathische Prinzip

Dem Brauch meines elterlichen Pfarrhauses entsprechend beginne ich mit einer Bibellesung. Ich schlage das vierte Buch Mose auf und lese dort im 21. Kapitel in den Versen 6 – 9: „Da sandte der Herr feurige Schlangen unter das Volk; die bissen das Volk, dass viel Volks in Israel starb. Da kamen sie zu Mose und sprachen: Wir haben gesündigt, dass wir wider den Herrn und wider dich geredet haben; bitte den Herrn, dass er die Schlangen von uns nehme. Mose bat für das Volk. Da sprach der Herr zu Mose: Mache dir eine eherne Schlange und richte sie zum Zeichen auf; wer gebissen ist und siehet sie an, der soll leben. Da machte Mose eine eherne Schlange, und richtete sie auf zum Zeichen; und wenn jemanden eine Schlange biss, so sah er die eherne Schlange an, und blieb leben." Hier hat die Verdünnung oder – homöopathisch gesprochen – die Potenzierung ihren höchsten Grad erreicht: Nicht mehr die orale Einnahme eines „Ähnlichen" ist nötig – es genügt das Hinschauen.

Ein anderes klassisches Vorläuferbeispiel für Homöopathie findet sich in Homers Ilias. Als Achilles auf dem Wege nach Troja den Mysier Telephos mit dem Speer in die Seite traf, erkrankte dieser an einer Wunde, die monatelang nicht heilen wollte. Schließlich befragte man das Orakel des Apollon und erhielt die Weisung, dass nur der Speer, der die Wunde schlug, sie auch zu heilen vermöchte. Daraufhin nahmen zwei Ärzte ein wenig Rost von der Speerspitze und brachten sie auf die Wunde, die alsbald heilte.

Jahwe oder Apollon – der Grundgedanke der Homöopathie scheint in jedem Falle göttlichen Ursprungs zu sein, und die ersten Hinweise auf das Ähnlichkeitsprinzip reichen in der Menschheitsgeschichte um einige Jahrtausende weiter zurück als die überschaubare Geschichte dieser Heilkunst selbst. Schon Hippokrates, der Vater der abendländischen Medizin, lehrte, der Kranke sollte zu seiner Heilung von demselben Wasser trinken, durch das er die Krankheit bekam. Neu ist also der

Gedanke der Heilung durch Ähnliches – das sogenannte Simileprinzip, nicht – um so erstaunlicher, dass es erst zu Beginn des 19. Jahrhunderts vertieft und ausgebaut, systematisiert, empirisch begründet und mit einem klangvollen Namen versehen wurde: der Homöopathie.

Was ist es um diese zeitlose, uralte und doch so junge Heilkunst? Fast 200 Jahre alt und schon zu Ihrer Entstehungszeit schnell verbreitet und vielumstritten, wegen ihrer Heilerfolge begehrt und nachgeahmt, bekämpft und bewundert, ist sie bis heute zwar populär geblieben, aber nie wirklich bekannt geworden. Schon der Name fordert zum Rätseln und Radebrechen heraus, und auch die Gebildeten unter den Zeitgenossen haben von ihrer Wirkungsweise meist die abenteuerlichsten oder gar keine Vorstellungen. Der Name leitet sich aus dem Griechischen homoios = ähnlich und pathos = Leiden ab und beschreibt mit griechischen Worten, was als die bekannte Regel „similia similibus curentur" bekannter geworden ist: Ähnliches soll Ähnliches heilen. Zu erklären, was Ähnlichheilung ist, erfordert einen etwas längeren Umweg als den, mit dem man es mir als Kind erklären wollte: „Du hast doch schon einmal gesehen, dass Nieren eine ähnliche Form wie weiße Bohnen haben? Darum ist es gesund für die Nieren, Bohnen zu essen." Um wirklich zu verstehen, was mit Homöopathie gemeint ist, muss man an den Anfang zurück, zu dem, der den Namen geschaffen und die Sache entdeckt hat, die damit gemeint ist: zu dem Leipziger Arzt Dr. Christian Friedrich Samuel Hahnemann. Am 10. April 1755 als Sohn eines Porzellanmalers in Meißen als mittleres von fünf Kindern geboren, wuchs er in äußerster Kargheit auf, besuchte die Meißner Stadtschule, danach die berühmte Fürsten- und Landesschule St. Afra – wie vor ihm schon Gellert und Lessing. Der Wahlspruch dieser Schule – „Aude sapere!", „wage, weise zu sein", wurde später das Motto seines ersten Buches, mit dem er die Homöopathie begründen sollte. Zum Abschluss der Schulzeit wurde er ausersehen, die Dankesrede zu halten. Sie ist in einem meisterhaften Latein abgefasst und – ebenso wie ein der Schule gewidmetes Dankgedicht in perfektem Französisch – erhalten. Danach studierte er in Leipzig und Wien Medizin, ging im Jahre 1777 als Hausarzt und Bibliothekar zu dem österreichischen Statthalter in Siebenbürgen, Baron von Brukenthal, nach Hermannstadt. Im Frühjahr 1779 kehrte er an eine deutsche Universität, nach Erlangen, zurück und promovierte dort bereits im Sommer des gleichen Jahres mit einer Dissertation über „Ursächliche und behandlerische Betrachtung krampfartiger Affekte" – natürlich in lateinischer Sprache – zum Doktor der Medizin. Diese Arbeit bewegt sich durchaus im Rahmen der Schulmedizin, enthält eine lange Liste krampflösender Mittel, allerdings auch den Hinweis, dass etwa Zahnschmerz durch Magnetismus zu heilen sei.

Danach lässt er sich in der kleinen sächsischen Bergarbeiterstadt Hettstedt bei Mannsfeld nieder und beginnt damit seine über etwa dreißig Stationen führende ärztliche Hungerexistenz. Die ersten Veröffentlichungen berichten über bescheidene Erfolge, aber auch rätselaufgebende Misserfolge. Bald übersiedelt er nach Dessau und beginnt bei dem Mohrenapotheker zu lernen und zu experimentieren. Dort lernt er auch seine spätere Frau, Henriette Küchler, die Stieftochter des Apothekers Häseler, kennen. Sie heiraten 1782.

Ob sie weiß, auf welche unruhige Existenz sie sich eingelassen hat? In Gommern bei Magdeburg ließen sie sich nieder – bereits der achten Station seines Lebens, der noch mehr als zwanzig weitere folgen sollten: Dresden, Lockwitz, Leipzig, Stötteritz, Gotha, Molschleben, Göttingen, Pyrmont, Braunschweig, Wolfenbüttel, Königslutter, Gotha, Altona, Hamburg, Mölln, Machern, Eilenburg, Wittenberg, Dessau, Torgau, Leipzig, Köthen und schließlich Paris. Bereits im nächsten Jahr wird dem glücklichen Elternpaar das erste Kind geboren und nach der Mutter genannt. Zehn weitere sollen in den kommenden Jahren folgen. Eine Frucht der Apothekerlehre sind ausgedehnte Studien und eigene Experimente, die schließlich in der Herausgabe eines vierbändigen und zu seiner Zeit viel verwendeten Apothekerlexikons in den Jahren von 1793 bis 1799 führten. Es zeichnet sich durch genaue Beschreibung der Zubereitung einzelner Pflanzen und detaillierte Kenntnisse über die Arzneiwirkung aus.

Hahnemann las und schrieb viel. Er beherrschte mindestens sieben Sprachen fließend, so dass er neben den kärglichen Praxiseinkünften über viele Jahre von Übersetzungen leben konnte, aber auch musste.

Im Jahre 1791 wählte ihn die Akademie der Wissenschaften in Mainz zu ihrem Mitglied. Zur gleichen Zeit arbeitete er intensiv an der Übersetzung der Materia medica des berühmten Londoner Medizinprofessors William Cullen. Hier stieß er auf eine zwanzig Seiten umfassende Beschreibung der therapeutischen Indikationen von Chinarinde. Es wurde – wie das aus ihr entwickelte Chinin – erfolgreich zur Behandlung von Wechselfieber verwendet. Der Autor schrieb das den Bitterstoffen zu. Hahnemann gab sich hiermit nicht zufrieden und entschloss sich zu einem Selbstversuch, der die Initialzündung, ja den Durchbruch der homöopathischen Grundidee bringen sollte. Er berichtet darüber:

„Ich nahm des Versuchs halber etliche Tage zweimal täglich jedesmal vier Quentchen gute China ein; die Füße, die Fingerspitzen usw. wurden mir erst kalt, ich ward matt und schläfrig, dann fing mir das Herz an zu klopfen, mein Puls ward hart und geschwind, eine unleidliche Ängstlichkeit, ein Zittern (aber ohne Schauder), aber eine Abgeschlagenheit durch alle Glieder, dann Klopfen im Kopfe, Röte der Wangen, Durst, kurz alle mir sonst beim Wechselfieber gewöhnlichen Symptome erschienen nacheinander, doch ohne eigentlichen Fieberschauer. Mit kurzem: auch die mir bei Wechselfieber gewöhnlich besonders charakteristischen Symptome, die Stumpfheit der Sinne, die Art von Steifigkeit in allen Gelenken ... Dieser Paroxysmus dauerte zwei bis drei Stunden jedesmal und erneuerte sich, wenn ich diese Gabe wiederholte, sonst nicht."

Bisher – und noch heute – verstehen die meisten als den Sinn eines Medikaments und seine Rechtfertigung als Heilmittel, dass bei einem Patienten die Krankheitssymptome verschwinden. Dazu bekämpft man – contraria contrariis – Symptome und vermeintliche Ursachen mit den jeweils gegensätzlichen Mitteln: drückt Fieber, verabreicht Antibiotika oder auch Antischmerzmittel. Hahnemann war durch seinen Selbstversuch, mit dem er eine lange Kette wissenschaftlicher Arzneimittelprüfungen (AMP) eröffnete, klar geworden, dass Heilung anders erfolgen muss: Die Natur heilt und bedarf der Stimulierung durch ähnliche Reize (similia similibus), die krankheitsähnliche Symptome auslösen. Dies brachte ihn auf den fortan bestimmenden Weg der Homöopathie: Bei jedem Mittel müsste man wissen, was es auslöst und es in Vergleich setzen mit den Symptomen einer Krankheit. Ähneln sich beide bei einem Menschen, wird dieses Mittel geeignet sein, ihn gesund zu machen.

In den nächsten Jahren machte sich Hahnemann daran, einen umfangreichen Katalog sämtlicher Vergiftungs- und Krankheitssymptome zusammenzustellen. Dabei kamen ihm seine immensen Sprachkenntnisse in Latein, Griechisch, Arabisch, Englisch und Französisch zustatten. Er wertete die Literatur von der Antike bis zur Gegenwart aus und unternahm mit seinen Mitarbeitern und Familienangehörigen eine Reihe von Selbstversuchen, bei denen sich ímmer wieder zeigte: Sie beschrieben die dabei entstehenden Krankheitssymptome und stellten fest, dass die durch eben diese Symptome charakterisierten Krankheiten durch die Mittel tatsächlich geheilt wurden.

Erstmals wurden im großen Umfang Selbstversuche an Menschen vorgenommen, während die orthodoxe Medizin Arzneimittelprüfungen bisher durchweg an Tieren vornahm und damit häufig genug zu falschen Rückschlüssen kam, da sich – wie wir heute wissen – Tierexperimente nicht ohne weiteres auf den Menschen übertragen lassen.

Hahnemann nahm jetzt seine medizinische Praxis wieder auf, die er aus Zweifeln an der herrschenden Heilkunde aufgegeben hatte. Von nun an sah seine Behandlung so aus: Er notierte alle Zeichen und Symptome eines Patienten auf, und zwar solche körperlicher, geistiger und seelischer Art. Dann versuchte er, das Mittel zu finden, das ähnliche Symptome beim Gesunden hervorgerufen hatte. So kam es zu erstaunlichen Heilerfolgen, die von der Umwelt als Wunder angesehen wurden und ihn schnell berühmt machten. Er selbst schreibt dazu: „Indem nun Krankheiten nichts als Befindensveränderungen der Gesunden sind, die sich durch Krankheitszeichen ausdrücken, und die Heilung ebenfalls nur durch Befindensveränderungen des Kranken in den gesunden Zustand möglich ist, so sieht man leicht, dass die Arzneien auf keine Weise Krankheiten würden heilen können, wenn sie nicht die Kraft besäßen, das auf Gefühlen und Tätigkeiten beruhende Menschenbefinden umzustimmen, ja, dass einzig auf dieser ihrer Kraft, Menschenbefinden umzuändern, ihre Heilkraft beruhen müsse."

In dieser Beschreibung wird behutsam und sicher nicht besonders präzise ausgedrückt, dass es um eine vitale Umstimmung im Lebenszentrum des kranken Menschen geht, dessen Gesundungskraft angeregt und gestärkt werden soll. Anders kann Heilung gar nicht geschehen – ausgenommen die unmittelbare Bekämpfung akuter Erkrankung oder Vergiftung, notfalls auch durch Chemie, Stahl oder Strahl. Dies jedoch nur dann, wenn der Organismus durch die Übermacht der Krankheit überfordert und an der Selbstheilung gehindert wäre. Paracelsus' Wort vom „inwendigen Arzt" wird hier bestätigt auch das alte lateinische Sprichwort natura sanat, medicus curat: Die Natur ist es also, die heilt, während der Arzt sorgt und Hilfe leistet.

Hahnemann hatte ein bahnbrechendes und die Heilkunde revolutionierendes Prinzip entdeckt – und doch besaß er Vorläufer, die in ihren Lehren dieses Ähnlichkeitsprinzip auch schon erwähnten. So Simon Boulduc, der gegen Durchfall wegen seiner abführenden Eigenschaften Rhabarber verschrieb, oder Georg Detharding, der Koliken mit Sennesblätteraufguss heilte, welcher beim Gesunden einen kolikähnlichen Zustand herbeiführen kann. Der dänische Arzt Georg Ernst Stahl schrieb schon im Jahre 1738: „Ganz falsch und verkehrt sei die in der Arzneikunst angenommene Regel, man müsse durch gegenteilige Mittel (contraria contrariis) kurieren; er sei im Gegenteil überzeugt, dass durch ein ähnliches Leiden erzeugendes Mittel (similia similibus) die Krankheiten weichen und geheilt werden ..."

Hahnemann, der selbst viel von Arzneimitteln verstand, zieht gegen den gewinnsüchtigen Missbrauch der Mittel zu Felde und macht sich bei Ärzten und Apothekern immer wieder Feinde. Zeitweise schließt er seine Praxis, weil er es nicht mehr verantworten kann, in der herkömmlichen Weise Heilkunst zu verkaufen. An seine Tür schrieb er: „Ich kann nicht heilen; gehen Sie woanders hin, ich kann es nicht verantworten, Ihnen Ihr Geld abzunehmen." Als im Jahre 1792 in Wien Kaiser Leopold II. nach intensivsten Bemühungen seiner Ärzte starb, publizierte Hahnemann die schwersten Vorwürfe gegen sie und machte sich dadurch nur weitere Feinde.

Er schrieb und lehrte weiter: 1805 erschien die „Heilkunde der Erfahrung", 1810 das eigentliche Gründungswerk der Homöopathie das „Organon der Heilkunst". Im Jahre 1812 habilitierte er sich an der Universität Leipzig und hielt dort Vorlesungen, die anfangs gut besucht waren, aber infolge seiner Schroffheit schließlich nur noch einen kleinen Kreis von Schülern anzogen. Im „Organon der Heilkunst" war der Grundsatz der Homöopathie so formuliert: „Wähle, um sanft, schnell, gewiss und dauerhaft zu heilen, in jedem Krankheitsfalle eine Arznei, welche ein ähnliches Leiden (Homoion pathos) für sich erregen kann, als sie heilen soll."

Etwa um 1800 beginnt Hahnemann mit der Verdünnung der Arzneimittel zu experimentieren. Oft kam es nämlich zur Verschlimmerung der Krankheitssymptome, weil die Mittel in unverdünnter Form zu stark wirken. Auch wollte er hochgiftige Substanzen wie Arsen und Quecksilber, die damals sehr gebräuchlich waren, testen, und dies konnte natürlich nur verdünnt geschehen. Und nun zeigte sich das Überraschende: Auch und gerade hochverdünnte Substanzen – er reduzierte zunächst auf ein Hundertstel – erreichten eine große Wirkung. Diese war am höchsten, wenn er nicht nur verdünnte, sondern die Verdünnung in jeder Stufe mit heftigen Schüttelschlägen verband. Diese Verbindung aus Verdünnung und Verschüttelung heißt heute noch Potenzierung. Das Mittel wurde in kleinster Dosierung mit neunundneunzig Teilen Wasser, Weingeist (oder Milchzucker) aufgelöst (C 1) und diese so gewonnene Verdünnung durch nochmalige Verschüttelung mit neunundneunzig Teilen zu einer zweiten Centesimalpotenz (C 2:

Centesimus = der hundertste) erhoben. Durch die Verdünnung meinte Hahnemann, die materielle Arzneimittelsubstanz allmählich in einen „inneren, geistartigen" Zustand zu überführen und dadurch die „latenten, vorher unmerklich, wie schlafend in ihnen verborgen gewesenen, dynamischen Kräfte" angeregt zu haben. Dies mag zauberhaft klingen und wurde durch Jahrzehnte hindurch der Homöopathie heftig angekreidet. Erst die neue Molekular- und Quantenphysik hat erkannt, dass das Wesentliche im Zusammenspiel der Moleküle und Atome nicht die Materie, sondern die von ihr getragenen Informationen und Energien sind. Selbst in Substanzen, in denen keine Molekühle mehr nachweisbar sind, bleiben sie erhalten und werden übertragbar. Auf diese uns noch nicht näher bekannte Weise scheinen sie auch die Informationen vom Arzneimittel auf die Körperzellen bzw. die der Vitalenergie zugrunde liegenden organischen Informationsträger zu übertragen, die in diesem Falle zur Regeneration und Heilung angeregt werden.

Von dieser Vitalenergie ging bereits Hahnemann aus. Er nannte sie Lebenskraft oder Lebensprinzip, auch Dynamis, und verstand sie als geistiges und belebendes, ganzheitlich wirkendes Zentrum der psychophysischen Persönlichkeit. Damit befindet er sich im Einklang mit modernen psychosomatisch orientierten Therapieansätzen. Hahnemann ist der eigentliche Begründer einer wirklich human und ganzheitlich, sowohl biologisch wie psychologisch orientierten Heilkunde und philosophischen Anthropologie. Aber nicht nur der moderne philosophische Ansatz überzeugt. Noch mehr sind es – vor allem für seine Zeitgenossen – die offenkundigen Erfolge. Im Jahre 1813 tobte in unmittelbarer Nähe seiner Heimat die „Völkerschlacht bei Leipzig". Sie kostete unzählige Soldaten das Leben und entschied über die Geschicke Europas für den Rest des Jahrhunderts. Infolge der schlechten hygienischen Verhältnisse brach eine furchtbare Typhus-Epidemie aus. Hahnemann behandelte allein 180 Patienten, von denen nur fünf starben (nach einer anderen Quelle nur ein einziger), was einer Sensation gleichkam. Ähnliches wiederholte sich später im Jahre 1830 bei der großen europäischen Cholera-Epidemie. Von 14.000 homöopathisch behandelten Patienten starben etwas mehr als 7%, während die Sterblichkeit bei den allopathisch behandelten Patienten 49%, also das Siebenfache betrug. Dennoch, oder auch gerade wegen seiner Erfolge, wurde Hahnemann heftig angefeindet; ihm wurde der Prozess gemacht. So verließ er Leipzig und zog sich nach Köthen in die Provinz zurück, wo er – mittlerweile 66 Jahre alt – eine neue umfangreiche und von großen Erfolgen gekrönte Praxis aufbaute.

Die Konsequenz hat sich gelohnt. Sein Name und seine Methode sind in alle Welt hinausgegangen, und viele Schüler lehren und praktizieren schon zu seinen Lebzeiten in Europa, in den USA und Lateinamerika. Er selbst kann am Ende seiner Tätigkeit voll Stolz sagen: „Seit vierzig Jahren habe ich keinem Kranken einen einzigen Tropfen Bluts entzogen, ihm keine Fontanelle geöffnet, kein Schmerzmittel, kein blasenziehendes Pflaster aufgelegt, nie gestochen oder gebrannt, keinen Kranken durch warme Bäder ermattet, keinem die besten Lebenskräfte durch Schwitzmittel ausgepresst oder ihn durch Brech- oder Laxiermittel auszufegen und seine Verdauungs-Organe zu ruinieren nötig gehabt und habe dennoch mitten unter selbst auf den kleinsten Fehltritt lauernden allopathischen Feinden so erfolgreich geheilt, dass der stets wachsende Zudrang von Kranken aus Nähe und weitester Ferne, von den höchsten bis zu den niedrigsten Ständen, um Hilfe von mir zu erlangen, so wie der Genesenen ihren Dank abzustatten, alle meine Erwartung übersteigt." – Die ehrliche Bilanz eines Klassikers der alternativen Medizin.

Leider hat Hahnemann – bedingt durch den Wissensstand seiner Zeit – die psychosomatischen Zusammenhänge von Krankheit und Heilung noch nicht klar erkannt und zum Gegenstand seiner Forschung gemacht. Die Bedeutung des Verhältnisses von gestörtem und wiederhergestelltem Gleichgewicht zwischen Körper und Seele für Gesundheit und Krankheit hat er zwar geahnt, aber nicht weiter verfolgt. Dazu war er auch zu sehr Chemiker. Immerhin findet sich im Pagraphen 189 des „Organon" ein wichtiger Hinweis auf diese Zusammenhänge, dem sich entnehmen lässt, dass er sie im Prinzip wohl auch gekannt hat, wenn er feststellt, „dass kein (ohne sonderliche Beschädigung von außen entstandenes) äußeres Übel ohne innere Ursachen, ohne Zuthun des ganzen (folglich kranken) Organismus entstehen und auf seiner Stelle verharren, oder wohl gar sich verschlimmern kann. Es könnte gar nicht zum Vorschein kommen, ohne die Zustimmung des ganzen sonstigen Befindens und ohne die Theilnahme des übrigen lebenden ganzen (d.i. des, in allen andern, empfindenden und reizbaren Theilen des Organismus waltenden Lebens-Princips); ja dessen Emporkommen lässt sich, ohne vom ganzen (verstimmten) Leben dazu veranlasst zu seyn, nicht einmal denken, so innig hängen alle Theile des Organismus zusammen und bilden ein untheilbares Ganzes in Gefühlen und Thätigkeit. Keinen Lippen-Ausschlag, kein Nagelgeschwür giebt es, ohne vorgängiges und gleichzeitiges inneres Übelbefinden des Menschen." Ja, er sagt in § 225: „Es gibt einige wenige Gemütskrankheiten, welche nicht bloß als Körperkrankheiten dahin ausgeartet sind, sondern auf umgekehrtem Wege, bei geringer Kränklichkeit, vom Gemüte aus, Anfang und Fortgang nehmen, durch anhaltenden Kummer, Kränkung, Ärgernis, Beleidigungen und große häufige Veranlassungen zu Furcht und Schreck. Diese Art von Gemütskrankheiten verderben dann oft mit der Zeit auch den körperlichen Gesundheitszustand, in hohem Grade." Hier bestätigt sich wieder, was er schon in § 11 wie in einer Präambel ausdrückte: „Wenn der Mensch erkrankt, so ist ursprünglich nur diese geistartige, in seinem Organismus überall anwesende selbsttätige Lebenskraft ... verstimmt." So versteht er Heilkunst im Kern durchaus psychosomatisch – die nur materiell und partiell arbeitende Schulmedizin nennt er „Unheilkunst". In dieser bei Hahnemann angedachten Richtung wäre – nicht zuletzt auch für Psychologen und Psychosomatiker – viel zu forschen.

Hahnemann hatte auf seinem Felde genug zu tun und ist in einem wechselvollen Leben mit einem reichen Werk erfüllt gealtert.

Im Jahre 1829 feiert er sein Goldenes Doktorjubiläum. Am gleichen Tage gründet er mit seinen Anhängern den Verein der homöopathischen Ärzte, der als ältestete deutsche Ärzte-vereinigung noch heute besteht. Mit ihm war, trotz aller Anfein-dungen, die Homöopathie etabliert und ist es bis heute.

Wieder trifft ihn auf der Höhe des Erfolges ein Schicksals-schlag: Kurz vor der Goldenen Hochzeit stirbt im Jahre 1830 seine Frau Henriette, die an seiner Seite wahrlich kein leichtes Schicksal gehabt und ihm dennoch immer treu zur Seite ge-standen hatte.

Aber damit ging dieses Leben, das voll war an Ruhm und Rückschlägen und das aus einer endlosen Kette immer neuer Anfänge bestand, nicht zu Ende.

Ihn konsultierte in Köthen die junge Melanie d' Hervilly aus Paris. Der achtzigjährige Hahnemann verliebte sich in die drei-ßigjährige Französin und ließ sich von ihr begeistern, auch in höchstem Alter in Paris eine neue Praxis aufzubauen. Dort wur-de er schnell ein vielbegehrter und erfolgreicher Modearzt, der anderen Menschen half und gleichzeitig das Leben in vollen Zügen genoss, bis er am 2. Juli 1843 im Alter von 88 Jahren ver-starb. „Es ist immer schön", sind seine letzten uns überlieferten Worte gewesen. Sie zeugen von dem nie ermüdenden Lebens-mut und der trotz aller Schicksalsschläge heiteren Lebensbe-jahung.

Sein letzter Wunsch war, auf seinem Grabe das Wort in Stein gemeißelt zu wissen: „Ich habe nicht umsonst gelebt." Dieser Wunsch wurde ihm zwar nicht erfüllt, aber seine Aussage gilt dennoch: Sein Werk endete nicht mit seinem Tode, sondern hat eigentlich erst begonnen und steht auch heute noch am Anfang seiner Zukunft wie auch seine Lehre, die Homöopathie.

Menschentypen

Der Eigentliche

Eigentlich ist er gar nicht der, der er ist. Im Grunde müsste er etwas ganz anderes sein, hätte es zumindest sein können. Sein Leben jetzt ist ein Irrtum, ein Versehen. Jetzt ist er vielleicht zweiter Buchhalter, eigentlich wäre er aber Generaldirektor gewesen. Hätte man ihm die verdiente Ausbildung und den angemessenen Aufstieg gewährt, hatte man auf seine vielen guten betrieblichen Verbesserungsvorschläge und persönlichen Ratschläge gehört, hatte man nicht immer wieder die weniger geeigneten Kollegen vorgezogen – er wäre längst da, wo er hingehört: an die Spitze. Aber zu Fortbildungsseminaren wurden immer andere geschickt, Beförderungen und Gehaltserhöhungen gingen an ihm vorbei. Kurz: Er wurde lebenslang verkannt und blieb auf diese Weise unentdeckt und unentwickelt. Schuld daran ist natürlich nicht er, sondern die Umwelt. Schon sein Elternhaus hat ihn benachteiligt. Wäre sein Vater Akademiker gewesen, hätte es kein Problem bedeutet. Wäre seine erste Firma nicht pleite gegangen, wäre sein Aufstieg nicht aufzuhalten gewesen. Wären seine Personalchefs nicht so unfreundlich und entsprechend seine Zeugnisse und Gutachten nicht so kurz und achtlos formuliert worden – wo könnte er jetzt stehen! So aber leidet er unter der Alltagswirklichkeit, macht seine Arbeit lustlos, verrechnet sich öfter, als der Bilanz gut tut und steckt ab und an eine durchaus verdiente Rüge ein. Aber auch sie kommt – natürlich – von einem verständnislosen Vorgesetzten, der noch dazu ihn dauernd stört und kontrolliert. Nein, dass sein Leben und seine Karriere verkracht sind, hätte nicht sein müssen. Wie kann man ein solches Leben lieben?

Ja, man könnte es, wenn man zu sich selbst und seinem Tun ja sagte. Denn auch ein guter Buchhalter ist eine Säule seines Unternehmens. Von ihm hängt viel ab, und er kann sich Achtung erwerben und die Verantwortung, die er trägt, auch anerkennen lassen. Voraussetzung aber ist, dass er seine Arbeit gern tut, sich offen und positiv zu Mitarbeitern und Vorgesetzten einstellt. Dass er also nicht eigentlich ein anderer wäre, sondern eben dieser voll und ganz ist.

Oder da ist die Hausfrau mit drei Kindern, die eigentlich eine Karriere als Filmstar machen wollte. In ihrer Jugend sah sie gut aus, hat es aber nur zum Einjährigen gebracht und ist noch dazu bei der Misswahl durchgefallen, weil Ihre Allgemeinbildung nicht reichte. Gern hätte sie die Schauspielschule besucht, so aber blieb sie an der Laienspielbühne hängen, die von Zeit zu Zeit ein Kleinstadtprogramm auf die Beine brachte. Ihrem Mann aber hielt sie immer vor, dass er ihrer Karriere im Wege gestanden und sie zur Heirat überredet hätte. Eben die Heirat und dann natürlich die Kinder waren das Haupthindernis einer strahlenden Laufbahn. Ihre Züge werden unzufrieden, wenn sie nur daran denkt; und sie denkt oft daran. Ihr Alltag ist freudlos, ihre Ausstrahlung auch. Unfrieden ist die Folge der Unzufriedenheit, und so ist ihr Familienleben voller Reibungen und ihre Ehe wird immer unglücklicher. Dies ist das in alle Tage und Nächte träufelnde Gift, das die Vorstellung von der Eigentlichkeit hinterlässt. Nicht, dass man sein Lebensziel nicht verwirklichen könnte, ist die Voraussetzung des Unglücks, sondern dass man seine Lebenswirklichkeit, wie sie ist, nicht bejaht und zu ihr steht. Glück ist nur im Augenblick, im Hier und Jetzt, aber nie in den unerfüllten Träumen der Eigentlichen, die nie zu dem kommen, was sie angeblich verdient hätten und was sie immer vergebens gewollt haben.

Die Emannstolle

Sie ist eine ins Rutschen gekommene Emanzipierte, die entschieden für die Rechte der Frau auf allen Gebieten eintritt und diese auch in schneidender Eindeutigkeit wahrnimmt. Sie hat sich im Beruf zu einer leitenden Stellung durchgekämpft, ihre Ehe aufgegeben und die Kinder für selbständig erklärt – auf den unselbständigen Mann sieht sie verachtungsvoll herab. Sie liest nur Frauenliteratur, kleidet sich lila-unerotisch, hat nach zwölf Selbsterfahrungsgruppen jetzt eine unangefochtene Stellung in einer Frauen- und Friedensinitiative, für die sie ihre internationale Frauensolidarität auch schon auf einem Kongress in Nairobi ausdrücken durfte, aber immer wieder passiert ihr etwas Furchtbares.

Natürlich kennt sie Alice Schwarzers beredten Kampf gegen die Penetration und findet auch, dass Männer im Grunde verächtlich sind – Machos sowieso, gegen die der ganze Kampf ja geführt wird, und Softies auch, für die zu kämpfen sich auch nicht lohnt, weil sie dadurch nur noch abhängiger werden. Und nichts ist schlimmer, als wenn ein Geschlecht vom andern abhängig ist. Und darin besteht für sie das Furchtbare: Uneingestanden ist sie es nämlich. Sie kann keine tiefe, volle, zärtlich-gutturale Männerstimme hören, ohne dass sich ihr das Bauchfell zusammenzieht und sie am Hals heiß errötet. Zum Glück sieht man das nicht, weil sie ja meistens bis oben geschlossen geht. Aber sie selbst bemerkt es und hasst sich deswegen. Oder wenn sie einmal ein Gespräch mit einem Mann hat, der ihr mit spürbarer Anteilnahme und viel Verständnis tief in die Augen schaut, könnte sich ihre Seele umdrehen und sie ihr ganzes feministisches Waffenarsenal über Bord werfen. Dann ertappt sie sich bei der verräterischen Frage: Ist Liebe vielleicht doch schöner als Kampf?

Aber sobald sie wieder im Kreis ihrer Geschlechts- und Kampfesgenossinnen ist, fühlt sie sich sicher und stark. Dann fließen ihr die Programme und Parolen nur so über die Lippen. Sie ermahnt die Schwestern, die sich noch abhängig und unsicher fühlen, sich nun endlich zu lösen: „Was, du bist noch verheiratet?" Oder „das lässt du dir gefallen, und mit dem Kerl gehst du auch noch ins Bett!" Sie kämpft gegen die unbezahlte Hausarbeit, wobei sie nie ganz eindeutig klar macht, ob sie für die Bezahlung der Hausarbeit oder für die Ausführung derselben durch die Männer oder überhaupt dagegen ist. Hausfrau jedenfalls ist für sie kein diskutabler Beruf und Mutter natürlich auch nicht. Im Grunde sind dies nur Ausbeutungsstationen in der Menschheitsgeschichte, die bis jetzt eben eine Männergeschichte war. Dass dies nun anders werde, ist sie angetreten, und dafür macht sie sich von früh bis spät stark. Und wenn es ganz spät wird, liegt sie allein auf der Couch in ihrer Wohnung und findet auch, dass sie eigentlich sehr allein ist. Den Hochschwung zur Frauenliebe, dieser nach Auskunft derer, die es wissen müssen, letzten Steigerung und Vollendung der Emanzipation, hat sie es leider nicht gebracht. Auch eine nonnenhafte Asexualität ist nicht ihr Fall. Sie ist körperlich und seelisch gesund, isst, trinkt und bewegt sich gern, treibt sogar ein wenig Sport und kann einfach nicht leugnen oder verdrängen, dass sie eine Frau ist.

Natürlich kann man auch unter Frauen Frau sein. Vielleicht verstärkt sich die weibliche Eigenart noch durch ihre Multiplikation in der Gruppe. Aber wofür existiert diese Eigenart, wenn nicht als Kontrapunkt des anderen Geschlechts, und das ist nun eben männlich. Man muss nicht die Bibel bemühen, um festzustellen, dass es den Menschen gar nicht gibt, sondern dass Gott ihn „als Mann und als Weib" schuf. Die Androgynie, also die Eingeschlechtlichkeit oder Vereinigung beider Geschlechter in einer Gestalt ist ebenso Utopie wie die Ungeschlechtlichkeit, die Geschlechtsneutralität. Einzig real, natürlich und doch wohl auch das Interessanteste und Spannungsvollste ist die Zweigeschlechtlichkeit des Menschen, also die Polarität zwischen Mann und Frau. Polarität ist zwar ein Gegensatz, aber ein Gegensatz, bei dem kein Pol ohne den anderen denkbar ist, noch auf ihn verzichten kann. Beide sind aufeinander bezogen, brauchen einander und sind natürlich insoweit auch voneinander abhängig. Auch die Pole abhängig und unabhängig sind untrennbar. Insofern ist sicher der Kampf der Emanzipierten gegen die Abhängigkeit – vor allem wenn sie einseitig ist – sinnvoll und richtig. Aber verabsolutiert übersieht er die tiefe schicksalhafte, existenzielle Abhängigkeit der Geschlechter voneinander, die sich brauchen und die dieses Brauchen durch Liebe versöhnen und mildern. Und dann wird plötzlich auch die Abhängigkeit erträglich und sinnvoll, ja vielleicht sogar schön.

Insgeheim und in ihrem Hinterkopf weiß die Emannstolle das auch. Täglich und nächtlich wird sie – umgekehrt wie der heilige Antonius von Padua – von Visionen und Versuchungen verführt. Und je mehr sie kämpft, um so weniger wird sie diese Abhängigkeit los. Eines Tages wird sie sich vielleicht richtig verlieben und alle Programme vergessen. Dann wird die Natur ihr Recht fordern. Aber auch dann war vielleicht der Kampf nicht vergeblich, weil sie gelernt hat, sich in der Partnerschaft durchzusetzen und eine gleichwertige Stellung zu erlangen. Allerdings sind auch Fälle bekannt, in denen auf den jahrelangen Kampf um Gleichheit oder sogar Vormacht nun plötzlich die totale Kapitulation folgt, alles früher Behauptete vergessen wird und die ehemalige Emanzipierte nur noch ein williges Weibchen, sozusagen Wachs in der Hand eines starken Mannes ist. Dieses traurige Schicksal ahnt sie und möchte es solange es geht vermeiden. Hoffentlich gelingt es ihr.

Die Erhabene

Wenn sie eintritt, wirft sie die Haare, die möglichst langen und blonden. Ihre Haare können aber auch kurz sein, dann wirft sie den Kopf, mit einem kurzen unnachahmlichen Ruck. Sie ist vorteilhafterweise groß, sie kann aber auch klein sein, das macht nichts. Wenn sie eintritt, schreitet mit ihr ein unsichtbarer Raum, der sie vergrößert, verbreitert, erhöht, erhebt. Vor ihr, neben ihr, hinter ihr, über ihr ist nichts als Luft, diese unsagbare Luft der Erhabenheit. Sie ist nicht zu sehen, man fühlt sie. Man fühlt – jetzt – das Besondere.

Wie sie den Kopf wirft, sich in den Rücken wirft, sich in sich selbst wirft mit einem Ruck in die Haltung der bedeutungsvollen Größe: Ein kurzes Zurechtrücken der Handtasche, des damenhaften Herrenjacketts oder ein bedeutungsvolles Heben des Krückstocks unterstreichen je nach Alter oder Temperament die geforderte Aufmerksamkeit.

Wichtig ist ihr Gesicht, das sie in ihrer Erhabenheit zur Schau trägt. Vor diesem Gesicht gehen die Menschen in die Knie! Die Herren Ober knicken in ihre Verbeugungen; haben sie sich aus ihrer Erstarrung erholt, beginnen sie diensteifrig zu wuseln, wie auf geheimen Wink und nach unausgesprochenen Befehlen hungernd. Auch das Volk, die Herren hinter der Erhabenen sind am Drängeln, als wollten sie einen Platz neben ihr ergattern. Einen Platz neben ihr gibt es aber nicht, nur dahinter, allenfalls im Knien vor ihr, klein und demütig.

Die Erhabene trägt Gesicht und Hals und Brust und Unterleib im Rücken, aufgebaut-zurechtgerückt, stolz, voller Haltung, wirkungsbreit, den langen Hals gereckt, die Lippen leicht vorgeschoben, um die alläufige Bewunderung zu schmecken, dieses Surrogat aus den Dünsten der Verehrung, die von unten aufsteigen. Die Nase, die scharf witternde, wird hoch getragen, die Nasenflügel, die Nasenlöcher gespannt geöffnet auf den Geruch der eigenen Erhabenheit. Die Augen sind geöffnet ohne warmen Glanz, offen, damit alles an Bewunderung, Ergriffenheit und Ergebenheit in sie hineinfallen kann.

Die Erhabene wird gegrüßt, auch von ganz unsäglich kleinen Unbekannten. Alle grüßen sie, als wäre es wäre es ein Verdienst, sie zu grüßen. Dabei nickt sie nicht einmal – doch – vielleicht ganz unmerklich bewegt sie die Lippen, als wolle sie die Grüßenden zählen. Aber ihre Begleiter nicken und grüßen, als gälte es ihr Leben, und lächeln und drehen sich hinter der Erhabenen in ihrem Glanz.

Die Erhabene ist talentiert und verfügt über besondere Begabungen. In sich trägt sie ein gutes Gedächtnis. In diesem eine lange Liste von Grüßern, Verbeugern, Verehrern, Wohlwollern und auch Feinden. Dahinter trägt sie ein kleines Selbst, ein ganz kleines, unsicheres, scheues Selbst. Verstohlen möchte man das kleine Ding gerne in die Arme nehmen und nähren, wärmen und hegen. Aber keiner hilft ihr dabei.

Es gibt wenige und will auch wenige geben, die sie erkennen. Die meisten lassen die Erhabene schreiten auf ihren Festen, in ihrer Ehe oder in ihrem glanzvollen Bekanntenkreis. Es gibt wenige, die es schaffen mit Wärme und Gemüt, das gläserne Kühle und das flirrige Lachen der Erhabenen zu durchbrechen. Die Wenigen könnten ihr zeigen, dass sie ihr kleineres Inneres sehr lieben, das menschlich Verletzbare mehr als den starren äußeren Glanz. Wie könnten Energie, Begabung und Gefühle von innen heraus strömen!

Da es aber kaum Menschen gibt, die erkennen und den Mut haben – ohne sich groß Erlaubnis bei der Erhabenen zu holen – um das kleine bangende unsichere Selbst in den Arm zu nehmen, so schreitet die Erhabene weiter von Fest zu Fest.

Die Ewigjunge

Es gibt sie in zwei Ausführungen: Die eine wird einfach nicht alt und bleibt auch im Alter jugendlich. Die andere führt einen verzweifelten Kampf mit dem Alter, weil sie sich weigert, alt zu werden und um jeden Preis jung bleiben möchte. Äußerlich scheinen sich beide zunächst zu ähneln: Sie haben eine gute Figur, wirken straff und gespannt, sind gepflegt und glatthäutig und werden gewöhnlich einige Jahre jünger geschätzt, als sie sind.

Bei genauerem Hinsehen merkt man allerdings, worin sie sich unterscheiden und dass diese Unterschiede erheblich sind.

Die eine – nennen wir sie die Jugendliche – wirkt ausgeglichen, zufrieden und kann über ihr Alter sprechen, ja nennt es mit einem gewissen Stolz: In zwei Jahren wird sie sechzig. Sie betreibt keinen besonderen kosmetischen Aufwand und hält kaltes Wasser und Seife für die beste Hautpflege. Sie bewegt sich gern und ist vor allem geistig beweglich, an fast allem interessiert und besitzt eine faszinierende Ausstrahlung, die nicht auf äußere Attraktivität zurückzuführen ist, sondern von innen heraus kommt. Sie ist aufgeschlossen, kann zuhören und von sich selbst absehen.

Die andere – nennen wir sie die Verjüngte – wirkt immer etwas hektisch, auf der Jagd nach etwas und panisch beflissen, noch jünger auszusehen, als ihr ohnehin um drei Jahre nach unten korrigiertes Alter vermuten lassen sollte. Über ihr wirkliches Alter spricht sie nie. Sie verfügt über einen umfangreichen privaten Kosmetiksalon und ist unentwegt mit sich und ihren Problemen beschäftigt, die im wesentlichen in ihrer Wirkung und ihrem Aussehen liegen. Sicher hat dieser Aufwand einen beachtlichen Erfolg: Kein graues Haar ist zu sehen, Falten werden alsbald weggebügelt und Bräune herbeigezaubert. Kleidungsaufwand und modischer Schnickschnack in den Accessoires reihen sie in die modische Phalanx der unter Dreißigjährigen ein, und da möchte sie auch ewig bleiben. Ihren sechzigsten Geburtstag wird sie nicht feiern in der Hoffnung, dass er auch von der Mitwelt vergessen wird, die ihr taktvoll diesen Gefallen tut. Natürlich spricht sie nicht von ihren Alterssorgen und ist dennoch unermüdlich um sich zentriert. Laut und auffällig zieht sie die Aufmerksamkeit der andern auf sich, erwartet und provoziert Komplimente und kann solche mit nie erlahmender Geduld anhören. Sie ist für Schmeicheleien grenzenlos ansprechbar – wenn andere von sich erzählen, erlahmt ihre Geduld bald, und sie unterbricht jäh und ungeduldig, um wieder im Mittelpunkt zu stehen. Schließlich muss man die Jahre ausnutzen und den Reiz der Jugendlichkeit wahrnehmen, den sie jetzt noch unentwegt, aber mit wachsender Mühewaltung produziert. Unbewusst graust ihr vor dem Tag, an dem dieser immer neu aufgetragene Schmelz der Jugend dahinschwindet, aus den Falten Furchen geworden sind und der Lack endgültig ab ist. Der Glanz ist jetzt schon erloschen. Schaut man genau hin, sieht man wohl Glamour, aber keinen wirklich von innen heraus leuchtenden Strahlglanz, eher eine gewisse Gierigkeit der Augen, die wie Hilfeschreie eines Ertrinkenden vor dem endgültigen Erlöschen des Lebens wirken.

So bewundernswert die eine ist, so bedauernswert erscheint zwangsläufig die andere. Die erste nimmt Jugend als Geschenk und ist dankbar dafür, tut allerdings auch einiges zur Erhaltung der Jugendlichkeit, in der sie vor allem eine seelische Qualität sieht, die auch im Alter nicht schwindet. Aber immerhin stellt sie sich dem Alter und akzeptiert es. Die andere sieht in der Jugend eine Göttergabe, die man eifersüchtig verteidigen muss, um sie sich nicht rauben zu lassen – von anderen und vom Leben selbst. Aber je heftiger sie sie verteidigt, um so sicherer wird sie ihr entschwinden. Nichts dagegen, dass man das schöne Geschenk der Jugend so lange wie möglich zu erhalten trachtet. Aber wer im Alter jung sein möchte, muss wissen, dass das Altern vom ersten Tage unseres Lebens beginnt und dass man gar nicht jung genug sein kann, sich darauf einzustellen und aufs Alter vorzubereiten. Jugend und Alter müssen nicht Gegensätze sein, sondern bilden eine polare Einheit, in die der Mensch ausgespannt ist und die beide zum vollen Menschsein hinzugehören. Ja, Alter als die Reifestufe stellt eigentlich die Krönung des Lebens dar und glücklich der, der im vollen Bewusstsein seines Alters leben und allerdings es auch auskosten und gesund erleben darf.

Zum Glück gibt es nicht nur eine einmalige Jugend, die dann auch immer dahinschwindet. Jedes Alter hat seine eigene Jugend, und Jugendlichkeit ist von der Zahl der Jahre unabhängig. Es gibt achtzehnjährige Greise und achzigjährige Jünglinge, jedenfalls wenn wir die Lebendigkeit, die Erlebnisfähigkeit, die Erfülltheit und die Liebesfähigkeit zum Maßstab nehmen. Diese Qualitäten sind es, die das bewirken, was wir Ausstrahlung nennen und was uns gerade an alten Menschen so auffällt und wohltut, wenn es uns unverhofft begegnet. Sie sind die wirklich ewig jungen, und dazu gehört eine große innere Ausgeglichenheit, Freiheit von der Angst vor dem Älterwerden, Freude am Leben und an anderen Menschen, gehört Mitschwingung und Interesse, das von sich und den eigenen Sorgen absieht.

Der Feuerwerker

In jeder Gesellschaft ist er beliebt, ja unentbehrlich. Sprühend vor Witz, unerschöpflich an Anekdoten und überraschend mit immer neuen, meist guten Einfällen unterhält er die langweiligste Gesellschaft. Gern wird er deshalb eingeladen, möglichst allein, denn besonders allein entfaltet er die vielfachen Gaben seines Feuerwerks. Da sind Schüsse, die gleich über der Erde zünden und nicht groß zum Leuchten kommen. Da bilden sich Wirbel und vielfarbige, feurige Palmenfächer, und zuletzt gipfeln sie in den alle und alles überragenden Feuerrädern – ganz wie bei einem wirklichen Feuerwerk. Nur sind seine sprühenden Produkte Worte, Witze, Weisheiten. Ihm fällt zu jeder Gelegenheit das Richtige ein, und vor allem fällt es ihm schneller ein, als allen anderen. Das sind die Gesellschaften, aus denen die übrigen Teilnehmer mit dem Gefühl nach Hause gehen, gut unterhalten worden zu sein. Aber eigentlich haben sie selbst nicht viel sagen können. Erst zu Hause fällt ihnen ein, was sie sagen wollten, welche schlagfertige Bemerkung, welchen geistesgegenwärtigen Witz sie parat hatten oder richtiger hätten parat haben können. Und nun nehmen sie ihm fast ein wenig übel, dass er sie nicht zu Wort kommen ließ. Die Unterhaltung des Vorabends erscheint plötzlich in einem Kontrastlicht, leuchtet zwiespältig, riecht verbrannt und nach Asche.

Der Feuerwerker fulminiert und glänzt im Augenblick seines Auftritts – danach verlöscht er schnell, wie er kam. Keinen seiner vielen Witze kann man sich merken, geschweige denn noch am nächsten Tag erzählen. Schlagfertigkeiten sind ohnehin nicht konservierbar. Die sprühende Atmosphäre des Augenblicks ist unwiederholbar – es sei denn, man lädt ihn das nächste Mal wieder ein, den unentbehrlichen Feuerwerker.

Erst mit der Zeit merkt man, dass er den ganzen Abend bestreitet, das Gespräch an sich reißt und im Grunde alle dominiert. Es bildet sich eine unterschwellige Aggressivität. Aber wer sich an eine Entgegnung versucht, wird mit der gewohnten und bestens erprobten Schlagfertigkeit bloßgestellt, niedergebügelt. Niemand traut sich, seinen Pointen etwas entgegenzusetzen. Keiner ist ihm gewachsen, und so wird er während seiner Show auch unangefochten hingenommen. Schließlich hat er einen unersetzlichen Unterhaltungswert – und wer möchte den schon antasten oder gefährden. Schließlich profitiert man davon, lacht, amüsiert sich, beneidet und möchte selbst einmal etwas von dieser unerschöpflichen Unterhaltungsgabe besitzen. Aber die ist nicht lernbar, nicht mitteilbar, und er hütet sie wie der Zauberer seine Kunst. Und selbst wenn er seine Rezepte verriete – ein anderer könnte nicht damit umgehen, wäre hilflos ausgesetzt, würde sich lächerlich machen.

Darin liegt eine autoritäre Ausnahmestellung, die zwar Bewunderung erzeugt und Amüsement garantiert, die aber zuletzt ärgerlich und lähmend wirkt. Die gesamte Zuhörerschaft ist zur Passivität verurteilt, und niemand hat neben ihm Platz, keiner ist ihm gewachsen. Dies wäre auf die Dauer der Tod unserer Gesellschaft. Deshalb ist ein langweiliger Gesprächsabend, bei dem jeder zu Worte kommt und etwas von sich selbst beizutragen hat, auf die Dauer weitaus befriedigender und menschlicher. Der Feuerwerker ist ein Pyromane, der damit rechnen muss, durchschaut zu werden und als Brandstifter dingfest zu machen ist. Ihn zu sozialisieren ist aussichtslos. Er wird jedes Stichwort wie ein Streichholz aufgreifen, wird zündeln und wieder Feuerwerke erzeugen, wo immer er auftaucht und wo es Nacht wird, um seine Sterne funkeln und seine Funken sprühen zu lassen. Vorsicht vor dem Feuerwerker! Wo immer er auftritt – faszinierend und phosphoreszierend –, sollte die Feuerwehr nicht weit sein!

Die Flirrerin

Flirren lässt sich schwer definieren, allerhöchstens durch das Sprachumfeld eingrenzen. In dieses Umfeld gehören schwirren und schwimmen, flimmern und flattern, schwanken und schweifen, schillern und trillern. So ist sie, und das alles trifft irgendwie auf sie zu: Nicht festzulegen, so und auch anders, schwebt und webt sie sich mitten durch die Wirklichkeiten, zwischen den Menschen und doch auch mitten durch sie hindurch. Man muss sie gern haben, aber sie ist nicht zu haben.

Wirklich süß taumelt sie durch das Leben, lässt sich bald hier nieder, bald dort, hat viele Freunde, aber selten einen wirklichen Freund. Dafür hat sie aber auch keinen wirklich zum Feind, denn man wüsste nicht, was man an ihr hassen sollte. Nichts ist zuwider, aber nichts an ihr auch greifbar und zuverlässig. Wer sich mit ihr verabredet, riskiert eine Verspätung oder im besten Falle eine Vertröstung. Ist man bei ihr eingeladen, steht der Kuchen noch im Backofen und sie vor dem Spiegel. Sie kann sich einfach nicht entscheiden, ob sie ihr Pinkfarbenes oder Resedagrünes anziehen soll. Ein wenig auffällig darf es schon sein, und so liebt sie auch schillerndes Perlmutt, groß und rund unter den Ohren oder um den Arm gehängt. Viele Schuhe müssen es sein, leicht und luftig, die sie täglich mehrmals wechselt. Sie kauft immer neue, als ob die Entscheidung für ein Paar dann leichter fiele! Je mehr sie hat, desto weniger hat sie anzuziehen, und desto mehr verspätet sie sich bei der Abfahrt. Und so schafft sie sich schließlich doch Feinde oder wenigstens verstimmte Freunde, weil sie sich einfach nicht entscheiden kann. Aber sie leidet nicht darunter. Das tun nur die anderen. Sie genießt es, zwischen allem zu schweben, zwischen Glück und Glanz, zwischen Schönheit und Schrecken, zwischen Angst und Ahnung. Sie ist keineswegs nur glücklich: Sie kennt durchaus düstere Stimmungen, ja Schwankungen zwischen ‚himmelhoch jauchzend' und ‚zu Tode betrübt'. Dabei reicht das erste nicht ganz bis in den Himmel, das andere natürlich nicht ganz bis in den Tod. So radikal und endgültig wird sie nie sein. Dazu gehörte ja eine existentielle Entschiedenheit, und eben die hat sie nicht.

Fragt man sie etwas und möchte man sie damit festlegen, antwortet sie – und das ist das einzig Zuverlässige – am liebsten mit JA und NEIN, allenfalls mit vielleicht. Sie meidet jedes ENTWEDER ODER und bevorzugt immer das SOWOHL ALS AUCH. Sie liebt einen Mann und liebt ihn doch nicht, in seiner Nähe fühlt sie sich wohl, aber sein Äußeres findet sie schrecklich, und vor einem Bildschönen hat sie Angst oder findet ihn auch nur langweilig. Das Äußere ist ihr sehr wichtig, aber es wäre ihr nie genug. Das Geistige, die Herzensbildung, die Güte eines Menschen schätzt sie über alles, aber wer sie ihr entgegenträgt, entwertet sich damit in ihren Augen. Und da liegt ihr Problem: Sie weiß nicht, wer sie selbst ist und was sie wert ist.

Sie ist ständig auf der Suche und doch auf der Flucht vor sich selbst. Sie möchte sich finden und fürchtet doch den Augenblick, an dem sie sich selbst ins Gesicht sehen müsste. Wer ist sie? Was würde sie zu sehen bekommen? So meidet sie jede Selbsterkenntnis und Selbstbegegnung und spiegelt sich in den anderen. Ihre Beachtung ist ihr wichtig, die Bestätigung durch sie alles. Sie vergleicht sich mit ihnen, findet sich meistens jedoch nicht ganz konkurrenzfähig, hebt entsprechend die Aufmachung, den Aufputz, das Make-up und am Ende das Näschen. Dahinter aber wird die flimmernde Angst erkennbar, es doch nie zu schaffen, so gut, so standfest, so überlegen und sicher zu sein wie die meisten andern, jedenfalls die, die sie bewundert. Wenn sich aber jemand, den sie bewundert, ihrer annimmt, hat er auch schon verloren. Sie handelt nach dem Motto des ‚Stadtneurotikers' Woody Allen: „Niemals würde ich in einen Verein eintreten, der so einen wie mich überhaupt nimmt." Selbstzweifel, geringe Selbstachtung gehören zu ihrem Programm und sind der stärkste Motor ihres für andere faszinierenden Flirrens. So kann sie wenigstens in der Schwebe sicher wirken wie der Schmetterling in der Luft – bis ihn der Spatz irgendwo aufschnappt. Dem ist er nicht gewachsen, dem muss er sich ergeben. Er weiß oder ahnt zumindest, dass dies das Ende ist, auf das hin er lebt und das ihm bestimmt ist. Und so verhält er sich wie bei Wilhelm Busch der Vogel auf dem Baum:

> „Und weil mich doch der Kater frisst,
> So will ich keine Zeit verlieren,
> Will noch ein wenig quinquilieren
> und lustig pfeifen wie zuvor ..."

Vom Vogel heißt es allerdings: Er hat Humor. Sie hat nur Herzflimmern, eine bis in die Haarspitzen vibrierende Angst, ein melodisches Zittern, das bis in die Wurzeln ihrer Existenz reicht und diese so berührend, so herausfordernd, so liebes- und schutzbedürftig macht.

Wenn sie sich nur entscheiden könnte! Wenn sie hinstehen, zu sich stehen würde: Kein Spatz, ja nicht einmal ein Sperber könnte ihr etwas tun, weil er auf schwebende, schwirrende Objekte programmiert ist. Um alles Beständige macht er einen Bogen. Schade, dass die Flirrerin das nicht weiß. Oder will sie es gar nicht wissen, weil es ihr sonst langweilig wäre?

Der Gipfelgockel

Ein kräftiger Hahn – vor allem, wenn jüngere um den Weg sind – stellt sich gern auf einen kleinen Hügel, ehe er loskräht. So wird er von allen Seiten gesehen und – wie er hofft – bewundert, von allen Hennen gehört und ist einfach der Größte.

Der Größte zu sein ist auch für den menschlichen Gipfelgockel oberstes, ja selbstverständliches Ziel. Dafür tut er einiges. In der mehr sportlichen Form trainiert er seine Muskeln, denn zu seinem Ruhm gehört, dass er die höchsten Berge besteigt und im Winter in umgekehrter Richtung in Schussfahrt talabwärts fährt. Selbstverständlich hat er dazu den Ski-Dress der neuesten Saison an und die Skier auf dem letzten raffinierten Stand. Abends auf der Hütte führt er das Wort, hat die schärfsten Erlebnisse zu berichten. Und wenn einer einen guten Witz erzählt, weiß er unfehlbar noch einen, den er für besser hält. Er selbst lacht jedenfalls am lautesten dazu.

Selbstverständlich hat er die schönste Frau geangelt und mit ihr die klügsten Söhne gezeugt – Töchter zählen ohnehin nicht ganz so. Er gehört irgendeinem der bekannten Eliteclubs an, und wenn man sich dort zum regelmäßigen Meeting trifft, vergeht keine Diskussion, in der er nicht maßgeblich das Wort ergreift.

Maßgeblich möchte er sein. Die andern sollen an ihm Maß nehmen. Wenn es umgekehrt ist, fühlt er sich unwohl. Er würde nie zugeben, dass er innerlich schwach und in seinem Selbstwertgefühl leicht zu erschüttern ist. Aber wozu dient der ganze Eifer sonst, als sein im Grunde labiles Selbstwertgefühl aufzupäppeln und mit Äußerlichkeiten zu stützen.

Zu diesen Äußerlichkeiten gehört seine perfekte Kleidung, ein repräsentatives Haus, gehören große Gartenpartys und selbstverständlich 20 Meter in Halbleder gebundene Bücher, von denen einige sogar hohen Wert haben, denn er stammt aus einer guten Familie, einer berühmten sogar: Sein Vater schrieb nämlich selbst einige beachtete wissenschaftliche Arbeiten. Es wurmt ihn im Tiefsten, dass er in dieser Hinsicht nichts aufzuweisen hat. Über größere Sprüche und ein paar Festreden ist er nie hinausgekommen. Im Reden ist er groß, und das braucht er zum Glück auch in seinem Beruf. Er gehört zu den Leuten, bei denen ein wirkungsvoller öffentlicher Eindruck schon die halbe Berufstätigkeit ist. Im schlimmsten Falle nennt man sie Frühstücksdirektoren, im besten Geschäftsführer. Wirklich, er füllt seinen Platz gut aus, nur kehrt er zu Hause allzu gerne den Boss heraus und sucht immer nach dem Hügelchen, auf dem er sein Gipfelgockeltum entfalten kann. Am Anfang imponiert es, aber mit der Zeit halten sich die anderen die Ohren zu oder gehen unbeeindruckt ihrer Arbeit nach – so wie die Hennen, die weiterhin im Sande scharren.

Der Gutmeiner

Ja, er meint es immer gut. Als er auf dem Friedhof das Grab seiner verstorbenen Frau richtete und schmückte, harkte er auch gleich das der Nachbarin, in dem deren verstorbener Mann lag. Und weil er noch fünf Stiefmütterchen übrig hatte, pflanzte er sie dort gleich ein. Natürlich kann er gar nicht verstehen, dass die Nachbarin ihn wenige Tage später ungehalten anfuhr, was er sich herausnehme, sich in ihre Grabpflege einzumischen. So etwas sei doch wohl ein unzulässiger Übergriff. „Ich habe es doch nur gut gemeint", war seine gekränkte Antwort. Dazu zog er ein verdutztes, erstauntes und beleidigtes Gesicht.

Dieser Satz ist wohl der häufigste in seinem Leben. Immer wieder versucht er für andere zu denken und zu sorgen. Manche finden das am Anfang auch schön und bedanken sich gerührt. Wann trifft man schon einen Menschen, der nicht nur an sich denkt, sondern es auch mit anderen gut meint! Aber bei der dritten oder vierten Goodwill-Aktion fühlen sich fast alle bevormundet und entsprechend befremdet. Wenn ein anderer immer besser weiß, was für einen gut ist, findet man dies auf die Dauer alles andere als gut.

Vor allem junge Leute können es nicht hören, ohne aggressiv zu werden, wenn Erwachsene ihnen sagen: Ich will ja nur dein

Bestes. Sie wissen genau, dass man damit ihre Freiheit beschränken, für sie denken und entscheiden will. Und ist das Beste wirklich immer das Gute? Muss man nicht auch die negativen Kehrseiten der Entscheidung kennenlernen? Wird man nicht erst durch Fehler klug? Müssen nicht auch junge Leute eine Reihe böser Erfahrungen machen, um sich dann um so nachdrücklicher für das Gute entscheiden zu können? Das Beste ist selten mehr als das Zweitbeste. Es ist häufig der Vorwand für Entmündigung oder zumindest Bevormundung und darum alles andere als gut.

Und so hat sicher auch die Nachbarin die Grabpflege von fremder Hand empfunden. Eigentlich müsste sie sich dafür bedanken – so jedenfalls die Erwartung des ungebetenen Pflegers. Aber gerade wer sich bedanken müsste für etwas, was er gar nicht will und was er gar nicht erbeten hat, wird aggressiv und ungehalten. Dann stellt sich nämlich heraus, dass der, der es immer gut meint, auch gar nicht nur und in erster Linie das Gute für die andern wollte, sondern durchaus an sich gedacht hat: Er möchte gut herauskommen, möchte Dank und damit ja auch Huldigung, Bewunderung und Bestätigung erfahren. Er möchte als guter Mensch dastehen und sich auf diese Weise vor andern hervorheben. Gerade Menschen mit schwachem Selbstbewusstsein und häufig dann besonders ausgeprägten Geltungsansprüchen neigen zu dieser Umkehrung eines gut getarnten Egoismus.

Ein ehrlicher, offener Egoismus ist dagegen etwas Wohltuendes. Ich sage, was ich möchte, du weißt Bescheid und kannst dazu ja oder nein sagen. Im Konfliktfalle finden wir einen Kompromiss – dies ist die einfachste und fairste Weise, miteinander umzugehen. Wenn ich es dagegen „nur gut meine", beschränke ich mich nicht auf meine eigenen Gefühle und Interessen, sondern beanspruche, die der anderen gleich mitzuvertreten, weil ich sie vorgeblich besser kenne und vertreten kann. Und wer hat es schon gern, dass für ihn gedacht, entschieden und gehandelt wird? Ich weiß meistens am besten, was für mich gut ist. Und wenn ich es dann als Wunsch äußere und der andere darauf eingeht, haben wir eine gute Beziehungsgrund lage. Und der andere, der mir etwas Gutes tun will, weiß, ob ich es wirklich für gut halte, was er mir antun möchte.

Natürlich schließt dies Überraschungen nicht aus. Ein wirkliches Geschenk hat ja darin seinen hohen Verblüffungsreiz, dass ich nicht damit rechnete und doch das Gefühl habe: Der andere hat sich treffend in mich eingefühlt, meine wirklichen Bedürfnisse erkannt und sie großzügig erfüllt. In einem solchen, aber wohl auch nur in einem solchen Fall sind wir von Herzen dankbar. Schaut man aber genau hin, so geht auch hier bereits ein Signal von uns voraus. Wir haben irgendwann ausgesendet, was uns Freude machen würde, was wir selbst uns jedoch nicht leisten würden oder gönnen können. Der andere tut es. Dafür sind wir ihm dankbar. Er sollte es allerdings nur tun, wenn er wirklich ganz sicher sein kann, dass er unsere Wünsche und Interessen genau trifft. Und auch hier ist die Wiederholung riskant, die Serie tödlich. Also gut sein von Berufs wegen, es immer und überall gut meinen, ist ein undankbares Geschäft und der Gutmeiner einer der unbeliebtesten Zeitgenossen, auch wenn er sich für das Gegenteil hält.

Der Nützling

Was er am meisten fürchtet, ist Zwecklosigkeit. Alles, jedes Ding, jede Minute, jeder Mensch muss ständig einen Sinn erfüllen, und das heißt für ihn erkennbaren Zweck und Nutzen haben.

Dies hat durchaus erfreuliche Seiten: Er steht morgens auf und macht sich gleich nützlich. Er räumt hier ein paar herumliegende Dinge auf, putzt ein paar Flecken weg, schneidet Blumen im Garten für die Vase auf dem Frühstückstisch – nicht, weil er das schön findet, sondern weil er einen Nutzen darin sieht, den Tisch zu schmücken, um der Familie einen hübschen Tagesanfang zu bereiten, um damit die Stimmung des Tages günstig zu beeinflussen, um so vielleicht auch das Ergebnis des Ganzen zu heben. Ergebnis, das was unter dem Strich herauskommt, ist für ihn nicht nur unschätzbar wichtig, es ist für ihn alles. Ergebnis, Erfolg, der Endnutzen – darauf ist sein Leben ausgerichtet. Wer zuletzt lacht, lacht am besten. Am besten lacht man nicht, weil es Freude macht, sondern weil Lachen gesund ist und gesund erhält. Dies ist wissenschaftlich nachgewiesen. Wenn es das nicht wäre, hatte Lachen für ihn keinen Sinn. Sinn hat nur, was einen erweislichen Nutzen abwirft.

Dabei denkt der Nützling nicht nur an sich. Er hat vielmehr etwas Missionarisches an sich. Am glücklichsten fühlt er sich, wenn er Menschen begegnet, die ähnlich denken, die also das universalnützliche Prinzip des Nutzens auch entdeckt haben. So freut er sich bei Verhandlungen oder Geschäftsabschlüssen durchaus nicht nur über den eigenen Nutzen, sondern auch über den der anderen und sucht möglichst beide miteinander in Einklang zu bringen. Sein Feind ist nicht der andere, schon gar nicht der Geschäftspartner. Deswegen ist er auch im Geschäftsleben durchaus erwünscht. Er ist berechenbar. Sobald man erkennt, wo sein Nutzen liegt, welchen Vorteil er haben wird, ist er für die andern als Vertragspartner zuverlässig. Man kann mit ihm rechnen und handeln. Aber das ist auch alles, was man mit ihm ergiebig tun kann.

Zum Beispiel kann man schlecht mit ihm diskutieren. Er leistet sich keine überschüssigen Phantasien. Denkspiele und locker entwickelte Denkmodelle, Utopien, reine Vorstellungen sind ihm ein Greuel. Sofort fragt er: Wozu ist das gut? Wohin soll das führen? Wer weiß schon bei allem, was er denkt, wohin das führen soll. Denken in seiner reinsten Form ist frei, also auch zweckfrei. Erst recht kann man nicht mit ihm spielen. Spiel ist für ihn nur sinnvoll, wenn es Körper oder Geist trainiert. Schon mit den Kindern sinnlos herumzutollen, zweckfrei zu spielen, lustig zu albern, erscheint ihm geradezu verächtlich. Er ist nicht grundsätzlich gegen das Spiel. Schließlich hat die Spieltheorie nachgewiesen, dass Spielen im Kindesalter die Funktionen des Erwachsenen – sowohl körperlich wie seelisch und geistig entwickelt und optimiert. Darum hat Spiel durchaus Sinn und Zweck – aber bitte nur, soweit es darauf erkennbar ausgerichtet ist. Spiel um des Spielens willen ist vergeudete Zeit, und Lust um der Lust willen ist geradezu unanständig.

Deswegen hat auch ein Liebespartner nicht viel Freude an ihm. Zärtlichkeit ist eben Vorspiel, und was allein zweckvoll ist, ist sozusagen das Nachspiel. Und hierbei eigentlich auch nur das Ergebnis. Stolz weist er die Ergebnisse vor. Meistens hat er zwei Kinder – mehr wäre Belastung oder Luxus. Weniger ist Risiko und bevölkerungspolitisch von Nachteil. Am nützlichsten ist es natürlich, ein Pärchen zu haben. Dann bleibt die statistische Ausgewogenheit der Geschlechter stabil. Außerdem beeinflussen sich beide so, dass jedes für eine künftige Partnerschaft am besten vorbereitet wird. Dies hat die Sexualpsychologie nachgewiesen. Und Partnerschaftserziehung ist heute in der Zeit der verbreiteten Krisen mehr als nützlich. Ist ihm dies also gelungen, lebt er in dem stolzgeschwellten Gefühl, ein nützliches Glied der Gesellschaft zu sein – das Wort in jedem Sinne verstanden und ausgefüllt.

Tanzen zum Beispiel ist für ihn Sport, und Sport ist Leibesertüchtigung, Fitmachen für den Beruf und ein gesundes langes Leben. Dafür tut er alles: ernährt sich mit Rohkost, raucht und trinkt selbstverständlich nicht oder höchstens ein Schöppchen an jedem zweiten Abend – mehr soll schädlich sein. Er absolviert täglich seinen 2000-Meter-Waldlauf, nimmt vorsichtshalber alle drei Jahre eine Kur, lässt sich zweimal im Jahr gründlich durchchecken und bestätigen, dass alles in Ordnung und jede Partie seines Organismus wie ein nützliches Gerät funktionsgerecht arbeitet und in das Ganze einbezogen ist.

So sieht er auch seine Stellung in Volk und Gemeinschaft – früher sagte man Volksgemeinschaft. Er will sinnvoll einbezogen sein, dazu gehören, sich als nützlich erweisen und auch als solcher anerkannt sein. Deshalb ist er in eine Partei eingetreten – natürlich in eine große staatstragende Volkspartei, hat hier eine Funktion übernommen – Kassierer oder Schriftführer, weil diese besonders nützlich sind – und strebt zielbewusst auch ein bedeutendes öffentliches Amt oder zumindest ein Ehrenamt an. Denn Nutzen verdient schließlich auch Ehre. Um die – er gibt es ungern zu – ist es ihm letzten Endes auch zu tun. Wenn man ihn aber fragt, was die Ehre für einen Nutzen hat, ist er peinlich berührt, windet sich um die Antwort herum und muss zugeben: eigentlich keinen. Oder – ehrlich eingestanden – eigentlich nur einen für ihn selbst, seinen Stolz, sein Selbstwertgefühl, sein eigenes Glück. Das ist wenig, aber vielleicht doch das Wichtigste. Endlich wird er einmal menschlich, das heißt, einmal nicht nur nützlich.

Die Opferfrohe

Wahrscheinlich ist sie der beliebteste und begehrteste von allen hier beschriebenen Menschentypen, und sie ist meistens eine Frau. Aber auf ihr beruht die Zivilisation wahrscheinlich mehr als auf Automaten und Elektronenhirnen. Lautlos ist sie überall da gegenwärtig, wo man sie braucht und ihre Dienste auch sofort selbstverständlich und nur selten mit Dank entgegen nimmt. Sei es, dass sie in einem Büro lautlos und liebevoll dem Chef alles rechtzeitig bereitlegt, was er heute oder demnächst braucht, dazu noch den Kaffee zur rechten Zeit aufschüttet, die richtigen Zigaretten in Reserve hat, an den zu erwartenden Besuch erinnert oder einen unerwünschten mit leisen Worten abwimmelt: Ihre Dienste sind unentbehrlich, hochgeschätzt und meistens mäßig honoriert. Wer von ihr umsorgt wird, bedient sich zumeist nicht zum ersten Mal der Opferfrohen.

Schon die Kindheit war begleitet von der treusorgenden Mutter, die stets für andere da war und nie etwas für sich selbst wollte. Allenfalls war da noch ein Hausmädchen, das in ähnlichem Geist herangezogen und dazu angehalten wurde, selbstlos für die Bedürfnisse der Männer dazusein. Eine Zimmerwirtin, später eine Freundin und Verlobte und schließlich die eigene Frau rundeten den Reigen, und auch die eigenen Töchter werden nach dem Schillermotto erzogen: „Dienen lerne beizeiten das Weib ..." und auch die Stürme der Emanzipation, die Modewogen der Selbstverwirklichung haben nur vereinzelt Fetzen aus dem riesigen und immer noch tragfähigen Netz weiblicher Dienstbereitschaft herausgerissen. Das Netz ist weiter tragfähig, oder – um ein anderes Bild zu gebrauchen –

die Ufer geleiten den Fluss männlicher Aktivitäten weiter zuverlässig. Will Durant hat einmal die Zivilisation mit einem Fluss verglichen: „Manchmal ist der Fluss voll Blut von Menschen, die töten, stehlen, schreien und Dinge tun, die Historiker gewöhnlich niederschreiben, während unbemerkt an den Ufern Menschen sich Häuser bauen, sich lieben, Kinder großziehen, Lieder singen und Gedichte schreiben." Von der Dynamik der Flüsse handelt die Geschichte – von den Ufern, die nicht zuletzt von den opferfreudigen Frauen gebildet werden, redet man nicht.

Die Opferfrohe ist also wichtig, und insgeheim ist sie sich ihrer Bedeutung bewusst. Denn was gäbe ihr sonst Selbstwert und die nötige Bestätigung? Von außen erhält sie es selten, erntet Undank. Undank deshalb, weil kaum jemand den heimlichen Vorwurf erträgt, den gute Taten auf die Dauer erzeugen. Sie machen unterschwellig aggressiv, versetzen einen in die Position des Schuldners, und wer erträgt das schon? Deswegen übersieht man die Dienste auch leicht, spielt sie zu Selbstverständlichkeiten herunter oder entlarvt sie als heimlichen Vormachtsanspruch. Dies ist auch nicht ganz abwegig, denn die Fürsorgliche und Opferfrohe beherrscht durch ihr stilles Walten in der Tat auch ihre Umgebung. Man ist von ihr abhängig. Wenn man sie nicht hätte, müsste man all die untergeordneten Verrichtungen selbst vornehmen. Man ist auf ihre Informationen und rechtzeitigen Erinnerungen angewiesen, sonst würden sich Fehler über Fehler häufen – kurz: Man braucht sie, und wen man braucht, der hat Macht. Auch dies kann aggressiv machen, selbst wenn sie es weit von sich weist, andere dominieren zu wollen. Sie ist ja selbstlos für sie da, ordnet sich ein und unter und möchte es allen recht machen. Sie selbst ist dann am meisten verwundert, dass dies nicht gelingt.

Jeder, der den Versuch unternimmt, es allen recht zu machen, stößt auf die Erkenntnis: Wer es allen recht machen will, macht es keinem recht. So ist man auch mit den Diensten der Opfer- frohen nie ganz zufrieden. Schließlich hat man sie meistens nicht darum gebeten, hat seine Wünsche nicht präzise ausgedrückt. Ohnehin ist, wer verwöhnt wird, selten zufrieden. Die Opferfrohe ist kein Traumtyp, sondern – da sie sich auch möglichst unauffällig kleidet – eher ein Aschenputtel. Man kann mit ihr keinen Staat machen, lädt sie nicht abends in ein feines Restaurant ein und schenkt ihr keine Brillanten. Die Opferfrohe verbreitet seltsamerweise nicht eine Atmosphäre von Frohsinn, sondern eher von Undank und Missmut. Wer soviel Selbstlosigkeit an den Tag legt, muss Gründe dafür haben.

Vielleicht hat sie Komplexe, fühlt sich minderwertig, wurde in ihrer Kindheit unterdrückt und ausgenutzt; wahrscheinlich hat sie immer auf der Schattenseite des Lebens gestanden. Und solche Menschen werden nicht besonders beachtet, vor allem wenn sie fortfahren zu dienen und nicht eines Tages beschließen, Politiker, Unternehmer, also Chefs zu werden und zu herrschen statt zu dienen. Erst wenn sie auf sich aufmerksam machen, etwas für sich beanspruchen und oben sein wollen, werden sie beachtet. Die Opferfrohe muss sich wirklich ihren Lebenssinn selbst verschaffen – von andern wird sie eher verachtet und abschätzig behandelt.

In der Tat liegt ihrem Tun wahrscheinlich meistens auch eine Form von Masochismus zugrunde. In ihrer Kindheit wurde sie zurückgestellt, nie ganz ernst genommen und konnte sich nur durch unentwegte gute Taten selbst ein reines Gewissen und in bescheidenem Maße die Anerkennung oder wenigstens das Ausbleiben von Kritik erarbeiten. Das war viel, und dennoch war alles, was sie tat, nicht genug. Und mit diesem frustrierenden Rest an Ungetanem wuchs sie heran und wurde sie die Opferfrohe, die ihr bescheidenes Maß an Genugtuung darin findet, nichts für sich zu wollen. Froh ist sie dessen eigentlich nicht, aber da sie den scheuen Ansatz eines Freudenlächelns in langer Übung auf ihrem Gesicht fixiert hat wie eine gut klebende Briefmarke, darf man sie so nennen. Sie selber würde dies als eine Auszeichnung betrachten – eine der wenigen, die ihr zuteil werden.

Sie haben es sicher gleich erraten: Es handelt sich um eine Kreuzung aus Glückspilz und Pechvogel. Man hätte natürlich auch Glücksvogel sagen können, aber der Begriff klingt flattriger, weniger definitiv. Und definitiv ist der Pechpilz eben trotz dauernder Rückschläge und Misserfolge ein Glückspilz. Dabei wachsen seine Misserfolge auf dem gleichen Humus wie seine Erfolge. Er geht, und zwar schon von Kind an, an alles mit Lust und sogar gelegentlich mit Leichtfüßigkeit heran. Als Kind lief er über schmale Bretter auf Baustellen – und stürzte prompt in die Baugrube. Später gründete er eine Firma – und machte pleite. Er spekulierte an Börse und Spielbank und gewann anfänglich – bis er verlor, immer mehr verlor und schließlich hohe Schulden machte. Er heiratete günstig, aber verbaute, verplante und verspielte auch dieses Geld – bis kurz nacheinander Eltern und Schwiegereltern starben – das Erbe brachte ihn wieder auf die Beine.

Heute ist er weit über fünfzig, und das Erstaunliche: Man sieht ihm weder seine Jahre noch seine Rückschläge und Misserfolge an. Er strahlt einen pausbäckigen Optimismus und eine nicht totzukriegende Vitalität aus. Beweglich und quirlig, mitunter fast manisch, betreibt er seine Aktivitäten. Deren gibt es immer mindestens fünf gleichzeitig. Zur Zeit entwickelt er Computerprogramme – sogenannte Software –, betreibt nebenbei noch einen kleinen Versandhandel, steht als Unternehmensberater im Telefonbuch (ausgerechnet!) und vermittelt in bescheidenem Umfang auch lukrative Immobilien. Es gelingt ihm leidlich, die Verluste auf dem einen Bein mit Gewinnen auf dem anderen auszugleichen. Wenn er seine Frau als unermüdliche und zuverlässige Arbeitskraft nicht hätte, sähe es allerdings wesentlich schlechter aus. Er selbst neigt zu voreiligen und allzu euphorischen Hoffnungen und entsprechend leichtfertigen Geschäftsabschlüssen. Gelegentlich hat er auch schon eine Immobilie gleich zweimal verkauft und ging knapp am Gefängnis vorbei. Aber – das wiederum Erstaunliche – letzten Endes geht alles gut aus und scheint ihm alles zum Guten zu geraten. Liegt es an seinem unerschöpflichen und geradezu grundlosen Selbstvertrauen? Steht dahinter womöglich kaum erkennbar ein umfassendes Ur- und Gottvertrauen? Weiß er die richtigen Menschen zum richtigen Zeitpunkt mit den richtigen Worten anzusprechen und vor allem seine Frau zu motivieren und gleichzeitig auf sie zu hören? Irgend etwas ist an ihm, was ihm den Charakter eines Stehaufmännchens verleiht. Aber zu einem Stehaufmännchen gehört eben, dass es von Zeit zu Zeit zu Boden gedrückt, niedergeschlagen und umgehauen wird. Erst dann erweist es seine Kraft zum Wiederaufstehen, seine unermüdliche und unverwüstliche Frische und Ursprünglichkeit. So ist denn auch sein Wahlspruch: „Es ist keine Schande zu fallen, nur eine, liegen zu bleiben." Er hat den Kopf immer wieder schnell über Wasser, auch wenn ihm dieses oft bis – wie er gern sagt – „Oberkante Unterlippe" steht. Aber – was der Laie nicht weiß – es lassen sich selbst mit Schulden Geschäfte machen, Verluste können Gewinn bringen, wenn man sie richtig einsetzt und bei der Steuer geltend macht. Firmenauflösungen und Neugründungen können zwar oft für die Partner nachteilig, bei entsprechendem Geschick für den Unternehmenden selbst von großem Vorteil sein.

Seine Frau ist übrigens schon seine zweite. Die erste verließ ihn, als die Geschäfte wieder gerade einmal schlecht gingen. Und wie es sich fügt: Die Neue brachte ein erhebliches Vermögen mit ein und die Bereitschaft, mit diesem quirligen, interessanten, nie langweiligen Mann ein neues Leben zu versuchen. Beide verstehen sich gut, und diese Ehe ist – wie so mache zweite – erheblich glücklicher als seine erste.

Nun möchte er von seinem Leben noch etwas haben – als ob er bisher nichts gehabt hatte! – und möchte seinen Sohn das ganze komplexe Gebilde übernehmen lassen, sich ein Haus auf einer südlichen Insel suchen und seine Tage fröhlich und sorglos beschließen. Wenn ihm nicht – dem vielgestressten, bluthochdruckgeplagten – noch ein Herzinfarkt in die Quere kommt, wird ihm dies wohl gelingen. Man wünscht es ihm, denn bei aller Zwielichtigkeit kann ihm doch niemand böse sein, und der Herrgott selbst scheint mit den Augen zu zwinkern, wenn er seinem wechsel- und risikovollen Leben zusieht.

Der Rechtssteher

Er steht immer da, wo das Recht ist, und das Recht ist stets auf seiner Seite. Keine Eigentümer- oder Elternversammlung, auf der er – vor allem in Zweifelsfragen – nicht zunächst auf die Rechtslage hinweist. Handelt es sich zum Beispiel um kleinere Schäden, wie sie in jedem Neubau nach Bezug durch die Bewohner festzustellen sind, so beantragt er ein Beweisfeststellungsverfahren und zu dessen Eröffnung ein fachwissenschaftliches Gutachten. Natürlich steht der dafür nötige Kostenaufwand in keinem Verhältnis mehr zu den eventuell erforderlichen Nachbesserungen – zum Beispiel etwa im Verhältnis eins zu hundert. Aber er vertritt die Rechtsposition und kann sicher sein, dass so die Rechte der Gemeinschaft gegen den mutmaßlichen Prozessgegner am besten gesichert sind.

Um Sicherheit geht es ihm letzten Endes, und die erhofft er vom Schutz der Rechtsordnung. Daraus spricht zweifellos ein tiefes Vertrauen zum Funktionieren dieser Rechtsordnung. Ihn erfüllt eine tiefe Bewunderung zu allem, was mit Gesetz und Justiz zusammenhängt. Worte wie Oberlandesgericht, Zivilprozessordnung, aber auch schon Rechtsanwalt oder Hauptkläger jagen ihm Schauer über den Rücken und geben ihm das Gefühl, dass zumindest das Rückgrat dieser Gesellschaft in Ordnung ist. Dass es in ihr sonst allenthalben nicht stimmt, ist seine schmerzhafte Überzeugung. Niemand hält sich an die doch so lückenlosen und eindeutigen Gesetze – täglich beobachtet er Parkverstöße, Geschwindigkeitsüberschreitungen, kleinere oder größere Finanzmauscheleien, Umgehung der Steuerbestimmungen, Mundraub und andere widerrechtliche Aneignungen, Ehewidrigkeiten, falsche Erklärungen, gar noch an Eidesstatt, Unterschrift unter Verträge, deren Kleingedrucktes niemand liest: für ihn ein Greuel. Er buchstabiert geradezu jedes Wort, ehe er etwas unterschreibt. Und wenn jemand nicht innerhalb des weißen Streifens parkt und gerade ein Polizeibeamter vorbeikommt, weist er ihn darauf hin. Schließlich muss alles seine Ordnung haben.

Dabei ist er eigentlich kein brutaler Sherifftyp, der mehr Gewaltdurchsetzung, zum Beispiel die Todesstrafe fordert. Zwar liebäugelt er damit, weil offenbar die Zahl der Gangster immer zunimmt. Aber im Grunde ist er ängstlich und sensibel und würde es nicht wagen, eine so grundrechtsumstürzende Veränderung zu fordern. Recht muss Recht bleiben, und nach unserem Recht ist die Todesstrafe eben abgeschafft. Er käme sich grausam vor. Dafür aber prozessiert er um jede Kaffeetasse, wenn es um die Hausratsteilung im Scheidungsverfahren geht, und erst recht um das Besuchsrecht bei den Kindern. Notfalls holt er das Kind am Wochenende ab, auch wenn es erkältet im Bett liegt. Wo kämen wir denn hin, wenn ein Recht nicht mehr geachtet und wahrgenommen würde!

Der Rechtssteher steht nicht unbedingt auch politisch rechts, wie man vielleicht meinen könnte. Zwar ist die Rechte meistens auch überzeugt, das Rechte zu vertreten, aber er kann zwischen Recht und Rechts durchaus unterscheiden. Dennoch ergibt sich aus seinem Weltbild, dass er tatsächlich häufiger auf der rechten Seite des politischen Spektrums anzutreffen ist, als etwa in der eher unscharfen liberalen Mitte oder gar auf der etwas abschüssigen Linken. Links bedeutet nämlich meistens auch eine Änderung der Gesellschafts- und damit der Rechtsordnung. Und eben dies verunsichert ihn, macht ihm Angst, es sei denn, dass die Änderung dazu dienen soll, das Recht gerechter und die Rechtsordnung lückenloser und perfekter werden zu lassen. Dann ist er ein begeisterter Vorkämpfer dessen, was er für die gerechte Gesellschaft hält. Alles soll geregelt und durchsichtig, garantiert und einklagbar sein. Andere auf ihre Rechte hinzuweisen ist ihm ein Genuss. Hier beweist er sich als sozialer Helfer. Andere in die Schranken zu weisen und die ganze Konsequenz des Gesetzes spüren zu lassen, ist fast ein noch höherer Genuss. Hier erweist er sich als ziviler Polizeihelfer. Und hiermit verscherzt er sich meistens die Sympathien der Mitwelt, ohne es rechtzeitig zu merken. Er ist überzeugt, nur das Beste zu wollen und zu tun. Die andern empfinden ihn undankbarerweise als belehrend, rechthaberisch und penetrant.

Wenn es sein muss, nimmt er auch einen Prozess in Kauf. Suchen tut er ihn eigentlich nie. Er ist nicht das, was man in Bayern einen Prozess-Hansl nennt. Wenn er prozessiert, dann weil er durchdrungen ist von der Pflicht und eben vom Rechtsstandpunkt, den er über alles stellt und mit Leib und Seele vertritt. Ob der Prozess Aussicht hat oder nicht, ist für ihn zweitrangig. Wenn er recht hat oder zu haben glaubt, muss es durchgestanden werden. Im tragischen Falle ergibt sich das Schicksal eines Michael Kohlhaas, der gegen die ganze Welt recht hat und damit scheitert. Im glücklichen Fall erstreitet er ab und an einen Sieg, der den anderen imponiert. Im glücklichsten wird er selbst ein Jurist, ein bekannter Rechts- oder gar Staatsanwalt. Und nun kann er aus seiner Überzeugung auch noch einen Beruf machen. Dann fällt der Kontrast zwischen dem Leben und dem Recht nicht mehr so auf. Aber wenn ein einfacher Bürger sich im Nebenberuf als Rechtssteher betätigt, lassen die meisten ihn am liebsten links liegen. Und das ist für ihn das Schlimmste, verkannt und belächelt zu sein. Aber auch in der Rolle des Märtyrers macht er sich gut. Schließlich dient er einer großen Sache, und er ist überzeugt, dass schließlich doch das Rechte, nämlich das Recht selbst siegen muss. Es muss nicht sein eigenes Recht sein, aber es ist am schönsten, wenn er es bekommt und so das Recht seinen bergenden Schatten auch über ihn fallen lässt.

Die Schönfinderin

Sie ist ein Lichtblick, sozusagen eine Ohrenweide, und sie hat zunehmend Seltenheitswert in einer Zeit, in der die meisten Frauen sich etwas darauf zugute halten, kritisch und reflektiert zu leben und zu reden. Sie geht durch eine Ausstellung und findet jedes zweite Bild schön. Das ist nicht nur eine Floskel, sondern in höchst individuellen Schattierungen vorgetragene

Gefühlsbekundung. Sie kann dieses „Schön" in tausend Nuancen ausdrücken und sich dabei von einem Gipfel der Begeisterung zum nächsten schwingen. Wenn sie schön sagt, meint sie es auch, denn sie findet das meiste auf dieser Welt offenbar schön. So ist es gleichgültig, ob man mit ihr eine Ausstellung der unbekannten Flamen des 16. Jahrhunderts oder eine der bekannten Maler des 20. Jahrhunderts besucht: Ihr wertfrei schauendes Auge, ihr unvoreingenommen gefasstes Urteil findet in allem etwas Schönes.

Dies ist für den kritikverhärteten Zeitgenossen zunächst verblüffend, aber dann erfrischend. Beschwingt und beschwingend, entzückt und entzückend schreitet sie von Entdeckung zu Entdeckung, von Freude zu Freude: das Leben – eine einzige Ausstellung schöner Künste.

Sie entdeckt Schönes natürlich in der Natur. Unscheinbare Gräser, seltene Blüten, aber auch ganze Kolonien von Buschwindröschen, Maiglöckchen oder Sumpfdotterblumen entlocken ihr Entzückungsrufe. Und Entzücken stellt einen unausweichlich vor die Alternative, nachsichtig-skeptisch zu lächeln oder sich anstecken zu lassen. Da das erste auf die Dauer zuviel Energie kostet, weil es ständigen Widerstand voraussetzt, ergibt man sich besser dem zweiten, lässt sich also anstecken von der Begeisterung. Und auch wenn es nur noch ein Hauch, ein netter Abglanz ihrer unerschöpflichen und ursprünglichen Enthusiasmiertheit ist: Ein wenig Glanz wird einem zuteil, über das ganze graue Leben legt sich ein Freudenschimmer, Freude, Optimismus, eine Spur Lebensglück greift Platz in einem selbst, auch wenn es der hartgesottenste, abgebrühteste Zyniker wäre. Man kann der Begeisterten, der Schönfinderin auf die Dauer nicht widerstehen.

Allerdings gibt es die Abart, die gänzlich unkritisch und sogar unbegründet schön findet, die nichts Negatives sehen will, keinen Schatten wahrnimmt, sondern eitel Sonnenschein behauptet, da, wo wirklich keiner ist. Hier kann man nur den Kopf schütteln über so viel Verblendung, Illusion und Selbstbetrug. Da werden mitten unter Müllhaufen noch kleine Schönheiten entdeckt, in Slums das Leuchten der Kinderaugen, aber nicht ihr Elend wahrgenommen. Auch das mag seine Berechtigung haben und eine Methode positiven Denkens und Sehens sein. Aber wenn es alle Kritik, alle berechtigten Zweifel und allen Realismus außer acht lässt, grenzt es an Leichtsinn und Traumtänzerei. Dem schließt man sich, jedenfalls als Realist, der zu sein zum inneren Gleichgewicht und zum nach außen zur Schau getragenen Selbstbewusstsein gehört, ungern an. Der Versuch, den eigenen Realismus und die Skepsis der Schönfinderin mitzuteilen, scheitert allerdings im Ansatz. Sie scheint gar nicht zu hören, was man ihr sagen, nicht aufzunehmen, was man ihr mitteilen will. Sie hat gar keine Antennen für den Schatten, die Kritik, das Negative, das es in der Welt nun auch einmal gibt. Alles gleitet an ihr vorüber, was nicht in ihre ausgewählte Welt passt. Es erreicht sie nicht, sie streift es ab, und es macht nicht einmal den Eindruck, als müsste sie sich besonders angestrengt dagegen wehren. Sie nimmt es einfach nicht wahr, übersieht und überhört es, und lässt sich ihr Glück nicht trüben. Warum also sollte man es versuchen?

Beruht nicht Glück ohnehin zu einem großen Teil auf Illusion? Sehen wir, vor allem wenn wir lieben, nicht bevorzugt das Schöne, die Schönheit? Lieben wir uns die Welt, die Menschen nicht schön, um sie dann schön finden zu können? Gut, wir tun es selektiv und eben recht kritisch, klammern das Negative aus, auch wenn wir wissen, dass es genug davon gibt. Die Schönfinderin scheint es nicht zu wissen. Es kommt in ihrer Weltsicht überhaupt nicht vor. Und wenn man einen Blick in ihre Wohnung wirft, wird diese Vermutung bestätigt: lauter schöne Dinge stehen herum, Nostalgisches und Modernes, insgesamt aber Gediegenes, schön Geschnittenes, Wertvolles. Ein wenig sieht ihre Wohnung wie ein Museum aus, aber sie passt zu ihr, und sie scheint sich darin wohl zu fühlen. Sie bewirtet die Gäste – nicht immer ganz aufmerksam, weil in Gedanken woanders, bei schönen Dingen nämlich. Aber sie ist charmant und freundlich. Ihr Auge hat einen stets leicht verklärten Glanz, einen überirdischen Schimmer. Man ist nicht ganz sicher, ob sie einen selbst wahrnimmt oder ob sie in einem nicht ein höheres, schöneres Wesen entdeckt, einen Prinzen oder eine Prinzessin, eine verzauberte Sagengestalt oder einen künftigen Helden, ein Genie oder einen Welteroberer. Ihre Phantasie hat vorauseilende, erweiternde, belebende Kraft. Da sie auch die Menschen schön und dazu noch gut findet, hat sie geradezu pädagogische Wirkungen. Die Menschen blühen auf in ihrer Nähe, werden mitteilsam und fühlen sich wertgeschätzt, weil überschätzt. Manchmal mutet dies an wie ein manipulativer Trick, eine Technik moderner Menschenbehandlung oder fortschrittlichen Managements. Aber es ist Ausdruck dieses Wesens und ihres Menschenbildes: Der Mensch ist gut, alle sind es, sie und ihr Gegenüber, Nähe und Ferne, und darum lohnt es sich zu leben, einander zu begegnen und jeden Tag zu genießen und ihn schön zu finden.

Mag die Schönfinderin ein reichlich übertriebenes Exemplar des positiven Menschen sein – da er offenbar ausstirbt, sollten wir ihn lieben, schützen und bewahren vor der Unbill des Lebens, damit nicht eines Tages die große Desillusionierung eintritt und ihr verschönernder Blick stumpf wird und enttäuscht über die Wirklichkeit der Welt. Aber wissen wir denn, wie die Welt wirklich ist? Ist vielleicht unser Blick vordergründig und für die vielen Schönheiten gar nicht mehr empfänglich? Und ist vielleicht in Umkehrung des Rilkewortes aus der ersten Duineser Elegie – das Schreckliche nichts als des Schönen Anfang? Vielleicht stimmt es, was die Schönfinderin findet, nämlich dass das Schöne wirklich und das Wirkliche schön ist ...

Die Sommerweste

Hier müssen wir mit einem Geständnis beginnen: Diesen Typennamen haben wir nicht geprägt, sondern übernommen. Was soll man sich unter einer Sommerweste vorstellen? Wahrscheinlich eine dieser hellen, mit gestickten Blümchen über und über geschmückten, über einen wohlgebildeten Bauch gespannten Westen, die darüber hinwegtäuschen, dass sich das Jackett nicht mehr schließen lässt. Heute trägt niemand mehr so etwas, oder allerhöchstens ein Nostalgiker, der ein altes Exemplar auf dem Flohmarkt erwerben konnte. Vielleicht gehörte sie einem jener liebenswerten Menschen, die Eduard Mörike in einem heute gänzlich unbekannten, weil in keine Gedichtsammlung aufgenommenen Poem schildert, dem er den Namen Sommerweste gibt:

„Lieber Vetter! Er ist eine
Von den freundlichen Naturen,
Die ich Sommerwesten nenne.
Denn sie haben wirklich etwas
Sonniges in ihrem Wesen.
Es sind weltliche Beamte,
Rechnungsräte, Revisoren
der Kameralverwalter,
Ach wohl manchmal Herrn von Handel
Keinesweges Petitmaitres,
Haben manchmal hübsche Bäuche
Und ihr Vaterland ist Schwaben.
Neulich auf der Reise traf ich
Auch mit einer Sommerweste
In der Post zu Besigheim
Eben zu Mittag zusammen.
Und wir speisten eine Suppe,
Darin rote Krebse schwammen,
Rindfleisch mit französ'schem Senfe
Dazu liebliche Radieschen,
Dann Gemüse und so weiter;
Schwatzten von der neusten Zeitung
Und dass es an manchen Orten
Gestern stark gewittert habe.
Drüber zieht der wackre Herr ein
Silbern Büchslein aus der Tasche,
Sich die Zähne auszustochern;
Endlich stopft er sich zum schwarzen
Kaffee seine Meerschaumpfeife,
Dampft und diskuriert und schaut in-
Mittelst einmal nach den Pferden.

Und ich säh ihm so von hinten
Nach und dachte: Ach, dass diese
Lieben hellen Sommerwesten
Die bequemen, angenehmen
Endlich doch auch sterben müssen."

Nur an einem Punkt muss man den Dichter korrigieren: Ihr Heimatland ist durchaus nicht immer Schwaben. Zwar findet man sie wahrscheinlich in Süddeutschland – so in Baden oder Bayern – häufiger als im kühlen, regnerischen Norden. Aber zum Glück ist ihre Heimat überall, wo es schön ist, wo es sich leben lässt und vor allem, wo es etwas zu beschauen und zu genießen gibt.

In einer hektischen, leistungsversessenen Zeit sind sie wie Oasen, Fluchtpunkte für Augen und Herz, an denen wir uns weiden. Derweil weiden sie sich an den nahrhaften Genüssen gepflegter Gastronomie. Aber nicht nur, dass sie gern und gut essen und trinken – sie haben zum Leben überhaupt eine gemächlich-genüssliche Einstellung. Sie kommen nicht aus dem Gleichgewicht, weil sie es in sich immer wieder herstellen. Sie übereilen nichts, weil sie wissen, dass alles Wesentliche wächst und Zeit hat. Sie ereifern sich nicht, laufen in keinem Wettlauf mit – schon, weil sie von der Aussichtslosigkeit durchdrungen sind. Dies gibt ihnen aber im Grunde einen Vorsprung, den an Bescheidung, an Weisheit und Einsicht.

Natürlich liegen sie quer zum Lauf der Zeit. Eine unerbittliche Messlatte von Gesundheits-, Fitness- und Leistungsdenken qualifiziert sie aus: Sie haben Übergewicht, sind zu bequem, finden den Beruf nicht das Wichtigste in ihrem Leben und regen sich über die heißen Konjunkturthemen nicht auf. Statt dessen stellen sie eine Kontinuität her – Fossilien einer erholsamen, genussvollen Lebensweise, die alle Kulturen und Geschichtsepochen überdauert hat. Sicher tragen sie ihren Gallenstein liebevoll mit sich zu Grabe – jeder dritte Erwachsene der Bundesrepublik besitzt nach neueren Erkenntnissen übrigens einen solchen. Ob aber auch jeder Dritte diese ausgeglichene Gemütsart, diese

Lebensfreundlichkeit und dies innere Behagen besitzt und pflegt?

Es gibt wenig, was ihnen in die Quere kommt. Wahrscheinlich ist es erst der unweigerliche Schlag, der sie am Ende trifft – zum Glück erst, wenn sie sich fortgepflanzt und, gleich ob durch natürliche oder ideelle Zeugung, ihren Typ am Leben erhalten haben. Möge er nie aussterben!

Die Sorgensammlerin

Ihr Gegentyp ist die beschwingte, leicht geschürzte, stets fröhliche und eben sorglos Strahlende, in deren Gegenwart jedes Männerherz höher schlägt. Ihre Nähe ist blutdrucksenkend. Sie ist stets gedämpft, wirkt nachdenklich und in sich gekehrt. Ihr Reiz liegt in der Ernsthaftigkeit und einem Zug von feiner Schwermut. Erst allmählich merkt man, dass sie nie ganz frei und unbekümmert ist. Natürlich hat auch sie Freizeit, sucht Erholung, aalt sich vielleicht in der Sonne und genießt, was immer eine Frau zu genießen vermag: Gespräche, Bücher, Milchshakes, Liebe, Boutiquenbummel, Bergwanderungen. Aber während andere, vor allem ihr Gegentyp, Alltag und Sorgen abstreifen, hat sie ihr unsichtbares Sorgenpaket immer dabei: Was mögen die Kinder jetzt machen; werden sie – obwohl längst erwachsen – ohne mich zurechtkommen? Hat meine Mutter vielleicht wieder einen Herzschwächeanfall? Müsste ich nicht zu Hause Staub wischen? Und wenn ich mir soviel Freizeitglück leiste – was ist mit denen, die es sich nicht leisten können?

Dabei leistet sie sich einiges: Mit Vergnügen kauft sie ein, darunter auch Schnickschnack, der nachher herumsteht. Sie gönnt sich bewusst ein oder auch zwei Gläschen Champagner, lässt sich gern einladen, revanchiert sich allerdings, sobald die Gelegenheit dazu gegeben ist. Sie möchte nichts geschenkt, und jeder Genuss verursacht ihr ein schlechtes Gewissen, schlägt augenblicklich in schleichende Schuldgefühle um. Nicht, dass sie etwas bereute. Sie hält Genießen vielmehr für eine Pflicht, der sie sich planmäßig unterzieht. Sie nimmt sich vor – weil sie weiß, dass es für den Seelenhaushalt gut ist –, sich etwas zu gönnen, und tut dies auch. Aber sie tut dies eben nur im Kopf – im Hinterkopf sammelt sie bereits ihre Sorgen. Und dies geht nach dem fast mathematischen Prinzip: Je mehr Freuden, je mehr Sorgen. Jede Freude, jeder Genuss muss mit einer entsprechenden Schulden- und Sorgenlast bezahlt werden. Ihr Leben leidet unter einer permanenten Hypothek, die nicht geringer wird.

Natürlich versucht sie sie abzutragen: mit guten Taten, Entgegenkommen, Gastfreundschaft, Geschenken, Freundlichkeit. Aber diese Freundlichkeiten lassen das Motiv erkennen, werden als Abzahlungsraten des Schuldenberges identifiziert. Ihren Genüssen ebenso wie ihren Geschenken fehlt die wirkliche Begeisterung. Beides vermag sie nicht um ihrer selbst willen zu tun. Sie kann weder genießen, also zu sich unbegrenzt gut sein, noch wirklich schenken, also zu anderen uneingeschränkt gut sein. Alles hat eine Addier- oder Subtrahierfunktion in der großen Existenzrechnung von Schuld und Schicksal.

Hinter einer so beherrschenden Lebensbuchhaltung muss ein nachhaltig wirksamer Oberbuchhalter stehen. Vater oder Mutter sind es meistens, die einem Kind beibringen, dass nichts im Leben umsonst ist: Wenn dir einer etwas gibt, musst du es ihm, sobald du kannst, zurückgeben – in anderer Form versteht sich. Du selbst bist nicht so viel wert, dass du dir etwas gönnen könntest. Tu es nur als Lohn für Leistung oder gute Taten. Auch im Himmel wird dir nur der Lohn winken, wenn du Gutes getan hast. Auch du selbst wirst von uns nur geliebt, wenn du vorher etwas dafür geleistet hast. Und so lässt sich die Führung des Lebensbuches mit Soll und Haben fortsetzen und wird von der Sorgensammlerin auch fortgesetzt. Nie ist sie ja gut genug, als solche, einfach als Mensch liebenswert zu sein. Immer muss sie etwas dafür tun, muss Leistung nachweisen, und wenn diese Leistung auch nur in Sportlichkeit, Fitness oder Schönheit bestehen. Schließlich ist das auch etwas zum Wohle und zur Freude der anderen. Aber irgend etwas muss ich immer erbringen, ehe ich etwas erwarten darf, ist ihre Devise. Und da auch dies nie genug ist, bleibt immer ein Schuldenrest offen. Für den laste ich mir dann die Hypothek der Sorgen auf, die mich Stunde um Stunde begleiten.

Sicher ist Sorge – glaubt man Philosophen wie Martin Heidegger – eine Grundbefindlichkeit des Menschen: Er muss für das Morgen sorgen, muss Vorräte schaffen, Verantwortung für andere, vor allem für Umwelt und Nachwelt fühlen und verwirklichen. Aber Mensch kann er erst sein, wenn er auch den Gegenpol dieser Sorge, das Erleben und den Genuss des Augenblicks, das Hochgefühl seiner Freiheit, die erfüllende Schönheit des Glücks erleben und auskosten kann. Sonst gerät er unter die Markierung des Menschen in der Evolution, gerät in die Sklavenzone abhängigen Bewusstseins. Unbewusste Zwänge herrschen über ihn und verstellen ihm den Horizont mit Düsternis und Angst. Zwänge legen sich nahe, Beschwörungsrituale, Aberglauben und Zauber bieten sich an, um von den eingebildeten Schuldhypotheken frei zu werden. In der Tat sind Menschen, die Sorgen sammeln, weil sie von ihrem Eigenwert nicht überzeugt sein können, anfällig für die heute grassierenden, unfrei machenden Süchte der weißen und schwarzen Magie. Astrologie und Hexenkult, Runen, Tarot, Spiritismus und nicht zuletzt der Glaube an Seelenwanderung, die ja die eigene Verantwortung hinausschiebt und den, der daran glaubt, das Hier und Jetzt vermeiden lässt, sind die naheliegenden und verbreiteten Konsequenzen. Ichschwäche und Verantwortungsscheu, Glücksfurcht und Bindungsangst, unterschwelliger Masochismus und Selbstbestrafung sind die deprimierenden Zeichen jener Sorge, die es nicht wagt, die Freiheit dessen nachzuvollziehen, der seinen Jüngern zurief: Sorget nicht! Vielleicht nicht ohne Grund stand viele Jahre der Titel von Dale Carnegie „Sorge dich nicht, lebe!" auf der Bestsellerliste. Die Worte hör ich wohl, allein mir fehlt der Glaube – so scheint die Sorgensammlerin zu sagen. Sie folgt dem Aufruf nicht, sondern meint, mit Sorgen und Sicherungen sich schützen zu können vor dem frischen Wind der Freiheit, vor dem aufgerichteten Erwachsensein, vor dem Risiko, das menschliche Existenz bedeutet, aber auch allein menschliches Glück garantiert.

Was hilft? Nichts als das Wagnis, die Sorgen einmal alle von sich zu werfen, nur in sich, im Hier und Jetzt zu leben und die Kühnheit zu wagen, sich selbst zu akzeptieren und fest zu glauben, um seiner, um ihrer selbst willen, also bedingungslos, leistungsfrei und darum sorglos geliebt zu werden. Wer so lebt, kann lieben, kann genießen, kann wirklich glücklich sein.

Der Weizenkorn

Dies ist weder ein Schreibfehler – nicht das Weizenkorn ist gemeint – noch ein Getränk – etwa der berühmte Hardenberger –, sondern ein Mensch, der sich verhält wie jener Patient einer psychiatrischen Anstalt. Jahrelang hat er sich eingebildet, er sei ein Weizenkorn, und sich deshalb nicht auf die Straße getraut. Jetzt ist er geheilt, soll entlassen werden und verabschiedet sich vom Direktor. Als der ihn gehen lassen will, zuckt der Patient zurück und weigert sich, die Anstalt zu verlassen. Der Professor redet ihm gut zu: „Sie wissen doch nun, dass Sie kein Weizenkorn sind. Sie sind gesund und können wieder ins Leben hinausgehen." Darauf der Patient: „Ja, Sie wissen, dass ich kein Weizenkorn bin, und ich weiß es auch – aber ob es die Hühner wissen!?" An ihn erinnert der Typ, der durchaus nicht nur in psychiatrischen Anstalten anzutreffen und doch so schüchtern ist, dass er sich am liebsten immer wieder hinter Mauern oder in das berühmte Mauseloch verkriechen würde. Scheu, wie er ist, fühlt er sich am wohlsten, wenn er gar nicht zur Kenntnis genommen wird. Freiwillig tritt er hinter anderen zurück, die sich nach vorn in die erste Reihe drängen. Da diese bekanntlich in der Schule und im Krieg am gefährlichsten ist, überlebt er gewöhnlich ungeschoren die Gefahrensituationen des Lebens und der Geschichte. Sein Typ ist dauerhaft und sehr verbreitet.

Auch gegen Therapie oder Aufmunterung ist er resistent. Er nickt bereitwillig, wenn man ihm auf die Schulter klopft – fast scheint es, als seien seine Schultern schon ein wenig schief davon – und ihn ermuntert, doch nach vorn zu blicken und sich etwas zuzutrauen. Er sieht ein, dass er mehr Selbstvertrauen und Stehvermögen haben müsste, aber im Grunde weiß er gar nicht, wovon die Rede ist.

Sein ganzes Lebensgefühl ist bescheiden, weil er von klein auf dazu angehalten wurde, alle anderen für wichtiger, besser und bedeutender zu halten als sich selbst. Artig verbeugt er sich vor Damen, demütig tritt er vor eiligen und dynamischen Männern zurück. Er ergreift nur das Wort, wenn gerade niemand etwas sagt, und auch das nur leise und schüchtern. Seine Mutter hat ihn immer dafür gelobt, und auch der Vater war ihm darin schon ein – freilich unfreiwilliges – Vorbild. Die dominante und unangefochten herrschende Mutter ließ männliche Konkurrenz gar nicht erst aufkommen. Der Vater liebte die Ruhe und war froh, wenn es friedlich zuging. Und die Mutter richtete alles nach ihren Bedürfnissen ein, wie sie überhaupt der Meinung war, Frauen kämen mit dem Leben besser zurecht, Männer würden sich ihnen am besten anschließen. Da gab es kein Aber und keine Alternative. So wurde es gemacht, und so pflanzte es sich durch die Generationen fort. Denn wenn der Weizenkorn heiratet, wird er selbstverständlich auch eine Frau nehmen – schon weil er keine andere findet –, die für ihn den Lebenskampf kämpft, ihm eine Nische frei hält und im übrigen ihre Bedürfnisse oder – wie man heute so gern sagt – sich selbst verwirklicht.

Insofern liegen sie ganz gut im Trend und entsprechen dem Zeitgeist, die Männer vom Typ Weizenkorn, die übrigens keine Feinde und nicht wirklich etwas zu befürchten haben – schon gar nicht von den Hühnern. Das Weibchen, das sie aufpickt, verschluckt sie ja nicht, sondern erhält sie mit kluger Vorsicht am Leben. Schließlich kann es auch ein Weizenkorn noch zu etwas bringen, kann eifrig und erfolgreich, geradezu emsig, wenn auch in bescheidenem Maße seine Karriere betreiben, zum Beispiel die Beamtenlaufbahn. Und so wird es – selbst wenn es eines Tages gleichsam vom Boden verschluckt – nicht mehr leben wird, noch in Form einer wohlgesicherten Pension seine guten Dienste tun. Und das hat für den Weizenkorn etwas Beruhigendes, zu allen Zeiten und sogar über den Tod hinaus einen Zweck zu erfüllen, für etwas da und zu etwas gut zu sein. Mögen die anderen die großen Risiken eingehen, um noch größere Erfolge zu erreichen. Er ist mit den kleinen zufrieden, und die Zustimmung der anderen, ihr Wohlwollen und ihr Dank bedeuten ihm Lohn genug. Dafür nimmt er die Kleinheit seines Lebensradius, die Unmaßgeblichkeit seines Einflusses und sogar die Verachtung vieler Mitmenschen in Kauf.

Dass sich hinter der Unscheinbarkeit einiges verstecken kann, trat erst neulich zu Tage, als ein solcher Weizenkorn in aller Unbeachtetheit aus dem Leben schied. Unter seiner Matratze fand man ein voluminöses Romanmanuskript, das sich als ein großer Wurf entpuppte, alsbald in hoher Auflage gedruckt wurde und seinen Erben ein Vermögen abwarf. Hier war ein Weizenkorn aufgegangen und hatte ein ganzes Weizenfeld zu üppiger Reife gebracht. Nie sollten wir etwas und vor allem keinen Menschen nach seinem äußeren Anschein beurteilen oder auf den Schüchternen oder Unscheinbaren verächtlich herabschauen. Es könnte sein, dass wir seine wahre Größe verkennen. Aber selbst das nimmt er noch mit Befriedigung auf, denn er ist ja überzeugt, dass er im Grunde keine Aufmerksamkeit verdient hat, ja, dass sie ihm allenfalls nur schaden könnte.

Gedichte

Forsythie

Dein Gelb, wie sticht's!
Trotz hellen Lichts'
duldet es nichts,
mein Auge bricht's.

Grell wie ein Schrei
ruft es herbei
gleich alle zwei:
Frühling und Mai.

Gelb vor der Nacht,
stärkere Macht,
siegreich und sacht:
Es ist vollbracht.

Hellblaue Stille

Hellblaue Stille,
die Bäume noch kahl,
neblige Hülle
verbirgt das Tal.

Wälder und Hügel
mischen ihr Grün.
Wie Farbentiegel
Narzissen blühn.

Nur ein Weidenstrauch
steht voller Pracht.
Der Abendhauch
hat den Frühling gebracht.

Noch ist der Winter
nicht ganz gegangen,
doch das Tal dahinter
hat Feuer gefangen.

Kastanienblüte

Grün explodieren die Bäume,
weiß schießen die Flammen auf
in hoffnungstrunkene Räume
um die Kastanie zuhauf.

Und festlich brennen die Kerzen
nach einer wärmeren Nacht.
Am Tag haben Spielen und Scherzen
das Fest vollkommen gemacht.

Geburtstag ist heut bei den Kindern,
drum pflücken sie Lichter vom Baum.
Und wer es wollte verhindern,
wahrhaftig, er könnte es kaum.

Sie backen aus Sand ihre Torten,
geschmückt mit Blüten, so weiß.
Dem Festkind mit glühenden Worten
verleih'n sie die schönste zum Preis:

Im weißen Kleidchen die Holde
errötet bei ihrem Blick
auf die prächtige Blütendolde,
so warm wird ihr vor Glück.

Die eine der weißen Blüten
schaut still die andere an:
Niemand kann sie behüten,
sie bricht irgendwer irgendwann.

Kein Mittelmeer

Silbrig und mediterran
schimmert der See,
südlicher Sommerwahn
vor fernem Schnee.

Pinien und Zedern im Park,
erster Jasmin,
duften so süß und stark,
reißen mich hin

in die Toskana weit,
adrianah;
ich bin voll Heiterkeit,
als wär' ich da.

Bodensee, ruhe nur,
Sonne, bleib kühl.
Als ich nach Süden fuhr,
warst du mein Ziel.

Dein Frühling – schön genug,
dein Sommer kommt,
lass fahrn den Sinnentrug,
der mir nicht frommt.

Abschied vom Bodensee

Land des Wassers, Land der Rebe,
an Bergen und an Städten reich,
um das ich meine Sehnsucht webe,
nun mir mein Herz vom Abschied weich.

Der Himmel öffnet sich dir weiter,
er spiegelt sich im Wasserglanz,
und eine zarte Engelsleiter verbindet
See und Äther ganz.

Dein Obst reift voller, reift voll Saft.
Die Blumen leuchten rauschend bunt.
Die Fische sind voll reicher Kraft,
und lockend klingt der Mädchen Mund.

O Bodensee, du Herz der Länder,
die um dich sind zu dritt vereint,
ich wandere nun um deine Ränder,
wo ein Ort immer schöner scheint.

Nun nehm' ich Abschied, zieh' nach Norden
und lass ein Stück vom Herzen hier,
das tief in dir versenket worden,
und du bist nun ein Stück von mir.

Wer weiß?

Dürres Gras kriecht
über den feuchten Boden,
krümmt sich unter
dem kalten Aprilwind.

Fremd der stahlblaue
Himmel, von Stratos-
Wolken zerfranst –
kalt wird mir ums Herz.

Die Tage gezählt:
Ein Jahr ist viel,
ein Leben ist wenig.
Und jedes Jahr kommt

er wieder, mit Knirschen,
der Frühling – der erste –
der letzte –
wer weiß?

Bange Lust

Frühling breitet seinen Teppich
über Tal und Hügel aus,
streut aus seinem Füllhorn üppig
Blütenpracht um jedes Haus.

Osterglocken tönen helle,
Tulpen öffnen rot den Mund,
Wiesenschaumkraut, Küchenschelle,
Kuckucksnelken blühn im Rund.

Kirschen öffnen weiß die Blüten,
Pfirsich mischt sein Rosa ein.
Wenn nur keines Frostes Wüten
fällt in diese Pracht hinein!

Auch die Bienen tragen emsig
süßen Nektar in ihr Haus.
Wenn nur die Eisheiligen sich
halten vorerst noch heraus.

Junge Blüten wollen reifen.
Frühling soll zu Ende gehen,
Ohne nochmals einzugreifen,
mag der Winter untergehn.

Grün strahlt der Frühling

Grün strahlt der Frühling, und satt
wogen die Wälder,
wiegen sich Felder,
im goldenen Glanz, aber ein Blatt

fällt in stillen Kaskaden vom Baum,
welkend schon,
gelb vor Hohn
kündet's den Herbst, da zu Ende der Traum.

Noch sucht die Taube im Gras letzte Eicheln
vom vorigen Jahr,
das vergessen längst war.
So traut ist's – ich möchte sie streicheln.

Die Liebste, das Land und die Rosen,
die an dornigen Hecken
rosa Lichter aufstecken:
Ich möchte' sie ans Herz ziehn und kosen.

So schnell ist der Frühling vorbei.
Ich breche die Blüten
und werde behüten
mein Liebchen, das heute und immer dabei.

Die Birke

Die Birke fiel.
Die Knospen, eben aufgesprungen,
fanden kein Ziel,
zu dem sie wären durchgedrungen

am Ostertag,
wenn Amseln ihr ein Lied gesungen
und Finkenschlag
erschallt' aus vollen Vogellungen.

Sie fiel zu Tal,
an ihrem Stamm die Wunde offen,
gleich einem Mal,
das seitwärts ihr ins Fleisch getroffen

von Menschenhand,
die niederschlägt ohn' Ziel und Hoffen.
Da, wo sie stand,
steh' ich und bin davon betroffen.

Liebesfrühling

Die Luft voll Musik,
noch ohne Motoren,
der Augenblick,
da Götter geboren,

ein Schallen, ein Jubel,
ein Himmelschor,
noch ehe im Trubel
die Welt sich verlor.

Ich staune, ich fühle,
ich atme, ich höre
vom heimlichen Ziele
der gefiederten Chöre:

Der Frühling will kommen,
vorbei ist die Nacht;
der Bann ist genommen,
die Liebe erwacht.

Frühlingsliebe

Ein Nebel hat die Welt verhüllt,
die Sonne hält sich fern;
mein frierend Herz hat sich verkühlt,
es hätt' den Frühling gern.

Der Morgen bleibt in kahlem Grau,
die Vögel bleiben stumm;
die Nacht legt' ihren kühlen Tau
um jeden Halm herum.

Narzissen stehen eng verschnürt,
kein Gänseblümchen lacht,
und alle Kreatur verspürt
des langen Winters Macht.

Doch liegt die Erde schon bereit,
den ersten Sonnenstrahl
zu weben in ihr grünes Kleid,
mit Farben ohne Zahl,

die plötzlich leuchten, golddurchwirkt,
als mittags helles Licht,
das keine Wolke mehr verbirgt,
den kühlen Dunst durchbricht.

Nun öffnet sich, was schlafend lag;
was fror, wird endlich warm:
Die Erde nimmt an diesem Tag
den Himmel in den Arm.

Die Tulpe

Herz des Vertrauens
dankt ewiglich
gütiger Sonne.

Lust allen Schauens:
Öffnet sie sich
südlicher Wonne.

Leuchtende Farben,
Gelb oder Rot,
spiegeln das Leben.

Ehe sie starben,
ehe sie tot,
wollen sie geben.

Sie leben offen,
leuchten im Glanz
spiegelnde Kronen.

Sie dürfen hoffen:
geben sich ganz.
Wer wird es lohnen?

Impression

Der Frühling ist
Impressionist,
setzt viele schöne
Farbentöne.

Flimmernde Sicht
in gleißendes Licht
mischt Primitives
und Hold-Naives.

Schwebende Düfte
erfüllen die Lüfte,
leicht wie Schaum
erscheint ein Traum.

Pfauen rupfen
bunte Tupfen
von Gänseliesen
aus den Wiesen.

Der weite Schwanz
öffnet sich ganz,
zeigt Königsschimmer
im Farbgeflimmer.

Er breitet ihn aus
und schreitet hinaus.
Unzählige Lider
öffnen sich wieder.

Grünes Glück

Lind-
zart-
april-
ja maigrün
legen wie Pflaster
Blätter sich auf mein Herz.
Wunden heilen
von Winter
Einsamsein.
Kahlheit
Kälte
ohne Hoffnung –
ein Irrtum.
Grün wächst
wie stiller Gesang,
von Regen gedämpft,
wächst,
wuchert
zum Glück
ohne Grenzen.

Frühlingsfrost

Die Obstgärten treiben den Schnee ihrer Blüten,
die Nacht bringt Frost.
Kein Himmel wird sie behüten,
sie werden braun sein wie Rost.

Doch darüber wölbt sich ein Himmel
in unmerklich-arglosem Blau.
Er übersteht das Gewimmel,
das ich auf Erden erschau'.

Liebe blüht kurz, und froh
macht das Kleine, das Liebe wagt,
solang' es nicht immer so
nach Gestern und Morgen fragt.

Kirschblütenhoffnung erstirbt;
der Tod trifft uns früh oder spät
dennoch: Kein Mensch verdirbt,
und aufgeht, was einst gesät.

Noch mancher Frühling geht
in Hoffnung auf, sinkt dahin,
aber der Himmel steht;
Tod wird endlich Gewinn.

Morgen neu

Lärm kommt näher,
der Rasenmäher.
Weil er tost,
bin ich erbost.

Was ich dann sehe
aus nächster Nähe:
Die Blumenpracht
hat er umgebracht!

Das Wiesenschaum-
kraut blühte kaum.
Der Ehrenpreis
liegt reihenweis.

Gänseliesen
bedecken die Wiesen.
Butterblumen
leis verstummen.

Nichts klingt, nichts leuchtet,
kaum taubefeuchtet:
im Morgengraun
alles abgehaun!

Doch wenn sie sterben
und verderben:
Morgen blühn neue,
daran ich mich freue.

Möwe

Ein Segel huscht über den See;
es fängt den Wind und die Sonne;
behaglich baucht es nach Lee:
ein Tag voll Wärme und Wonne.

Ein Wolkenschiff sucht sein Ziel,
es segelt am Himmel vorüber;
das Boot mit leichterem Kiel
eilt zum Ufer hinüber.

So kreuzen sich beide im Wind:
die Wolke – das weiße Segel,
doch eine Möwe gewinnt
die Regatta ganz außer der Regel:

Sie schießt aus den Wolken hernieder
und streift an dem Segel vorbei;
sie breitet ihr stolzes Gefieder,
das weiße, so schwebend und frei.

Juli vertan

Verfrühter Herbstwind hebt wie Röcke
das Laub der Kirschen, der Birken,
des Ahorn – darunter ein
hoffnungsloses Hellgrün,
als wäre Mai.
Der Himmel wie Herbst:
Geballte Wolken, zerfranstes Grau,
in der Ferne rosige Watte.
Dazwischen ratlose Schwalben,
Wacholderdrosseln streiten
um die erst angeröteten Kirschen.
Nass das gemähte Gras. Kartoffeln
blühen – schon faulen die Knollen
unter der Erde,
nichts Gutes verheißend.
Wäre nicht der Wein, leuchtend
in hellem Gold – es wäre
alles restlos vertan
in diesem verlorenen Sommer
voll Mühe, Verdruss und fast
ohne Freuden.
Wo bleiben die Freunde,
zu teilen den Schmerz
und das perlende Gold,
das ihn in Freude verkehrt.
Nichts ist verkehrt,
doch plötzlich
alles verwandelt.

Das Meer von Puerto del Carmen

Ein Schiff ist ein Punkt
auf der Himmelslinie
des weiten Meeres.

Das Auge trinkt es,
der Mund den Rosado
zu einem Mahl
aus würzigem Ziegenkäse
und Brot, das beim Brechen knackt.

Ein Fenster voll Meer,
voll Himmel.
Sonne,
Weite und Wind!
Das Schiff fährt eine Stunde,
um das Fenster zu passieren.

Ein Herz wie ein Fenster,
voll Sonne, Bläue, Ferne,
Endlosigkeit, Glück und Meer,
darin es ertrinkt.

El golfo

Der Krater, der Feuer und Wasser vereint
und dabei keines verneint,
hat sich mit sich selber entzweit,
und nun nie mehr Lava er speit.

El golfo – ein Gleichnis des Lebens,
des ewigen Nehmens und Gebens,
das nie in Ruhe verweilt,
das stets aufs neue sich teilt.

Die Liebe ist ein Vulkan –
erloschen ein brüchiger Zahn.
Solange die Wurzel lebt,
solange die Erde noch bebt.

Abend am See

Dunkel drängt der Berg ins Wasser,
engt dem Trichter gleich den See,
und der Dunsthauch in der Höh'
wird am Horizonte blasser.

Einmal noch im Abendlichte
leuchtet weiß der Fähre Front,
die vom späten Glanz besonnt
ihre letzte Fahrt verrichte.

Kleine Boote, träge Segel
huschen, schleichen drüberhin;
vor der Dämmerung Beginn
drehen ab die Möwenvögel.

Grau durchstreifen Fahrtenspuren
spiegelblanken Silberglanz,
ehe sich der Abend ganz
senkt herab auf Berg und Fluren.

Ibizahimmel

Das Augenblau
meines Siamkaters
über den Himmel verteilt,
versprüht, vergossen, verdünnt –
so schaut der Himmel mich an:
endlos tief, uferlos weit,
nicht spähend vor Gier,
zur Ruhe gekommen,
befriedet, entleibt, vergeistigt,
verblasst – als Kater kastriert,
als Himmel verewigt.

Pelhamer See

Nebelrauch streift schon die Wälder,
Donner kündet fernen Sturm.
Grün und dunkel stehn die Felder,
drohend schlägt's vom Glockenturm.

Wolken bauen sich zu Haufen.
Still duckt sich das weite Tal,
bis erschreckte Kinder laufen
vor dem ersten Wetterstrahl.

Nun verdüstert sich die Weite,
füllt sich auf die Wolkenwelt.
In die Häuser fliehn die Leute,
als der erste Tropfen fällt.

Dann zerkracht des Wetters Ballen,
zucken Blitze ohne Zahl.
Doppelt lässt der Donner hallen
Berg zu Berg durchs ganze Tal.

Geisternd jagen Wellenkämme,
Wolken leer'n aus knapper Höh'
sich vom Nass wie volle Schwämme
in den kochend wilden See.

Fischer flüchten von der Mitte
ohne Fisch, vom Sturm zerzaust,
an das Ufer, in die Hütte,
trocken, glücklich, gut behaust.

Nun stürzt Wasser jäh zu Wasser,
gründlich tobt der Sturm sich aus.
Luft wird Gischt, und immer nasser
wird die Insel, wird das Haus.

Meere stürzten sich hernieder,
brachen auf den See herein.
Dann nach Stunden zeigt sich wieder
matter Glanz von Sonnenschein.

Neugeboren scheint die Erde,
und ein frischer, freier Duft
haucht wie Atem, sagt: Es werde!,
breitet sich durch alle Luft.

Maltesisches Feuer

Der Sonnenstrahl
durch Wolken bricht:
Mit einem Mal
aus Nacht wird Licht.

Ein heller Kranz
umfängt die Welt
mit grellem Glanz,
eh' er zerfällt.

Von lichten Farben
bunt durchzogen:
in Strahlengarben
der Regenbogen.

Bald hell, bald dunkel:
ein Goldesschimmer,
ein Sterngefunkel,
ein Lichtgeflimmer.
ein Feuerwerk
zu Gottes Ehren,
ein Augenmerk,
mein Glück zu mehren.

Mag wonnenreich
mein Auge sehen
und sonnengleich
im Glanz vergehen!

Das Glück von Isabell Island

Von Leben erfüllte Tage:
Des Jahres Zenit im August.
Im Boot nach Fischen ich jage:
Der weite See meine Lust!

Hinreißt mich die packende Beute,
wenn plötzlich die Leine zuckt,
es zieht in die Tiefe, die Weite,
wie tonlos der Motor tuckt!

Am Himmel der Glutball der Sonne –
der ganze See ist noch still.
Da taucht er auf, meine Wonne,
der Fisch, der noch flüchten will!

Endlich bezwingt ihn der Käscher,
wirft zappelnd ihn vor mich hin.
Ich – der erfolgreiche Häscher –
fühle, wie glücklich ich bin!

Ich werde im Sud ihn bereiten
mit Lorbeer, Wacholder und Dill.
Er wird ein Festmahl bestreiten,
dem Freund, den ich einladen will!

Dazu der Riesling im Glase,
die Schüssel voll grünem Salat –
wer wohl für Gaumen und Nase
auf Erden Schöneres hat!

Kornmeer

Schwüle steht auf reifem Korn.
auf dem Sandweg lastet heiß
Sonnenlicht, das stechend weiß,
gleißt und gischtet schaumgeborn.

Raden geben all ihr Blau,
tief wie Meeresgottes Augen,
die sich in Najaden saugen
wie in Blicke einer Frau.

Selten leuchtet wohl ein Mohn
rot dazwischen, jubelt laut,
und mit Feuerblicken schaut
Sonne auf den Erdensohn.

Ähren neigen ihre Frucht,
zeigen sich zum Schnitt bereit.
Nur ein Wandrer winkt von weit,
der vergebens Schatten sucht.

Lächelnd sammelt er zum Strauß
Ähren, Mohn und blaue Raden,
träumt vom Meer und von Najaden
und von Neptuns Schattenhaus.

Allerträumerei

Brütend lastet die Hitze
über dem Allerstrand,
wo unter Weiden ich sitze,
die Angel in der Hand.

Libellen sirren im Schilfe,
im Röhricht jagt der Hecht,
ein Sperling kreischt um Hilfe,
den der Bussard schlägt.

Der Fluss fließt still und eben,
Wolken treiben darin.
Die Schwüle lähmt jedes Leben,
kein Lüftchen streicht drüber hin.

Fiebrig flimmern die Lüfte,
ein junger Brambusch blüht;
ein Hauch der Heuetdüfte
zu mir herüberzieht.

Herbstzeitlose

Die Abendsonne –
wieder eine Münze
Gold oder Kupfer –
fällt in den Schatzkasten des Lebens.
Wieder fehlt eine Schwalbe.
Es ist September,
ein Herbst,
den es nie mehr gibt.
Als der letzte Weizen fiel,
die Eisdiele schloss,
das Maikätzchen erwachsen wurde,
wusste ich:
Dies alles wird nie mehr sein.

Auf der Wiese am See
blühen Herbstzeitlose,
diese empfindlichen, zarten,
giftigen Kelche,
Elfen des Todes,
sie locken über das Sterben hinweg,
lügen Krokusse vor
und sind voll Hingang.
So spielt der Tod, auch
wenn er nicht gefällt.
Wo glüht der Schatz aller Sonnen?
Wo wird einst der Morgen aufgehen,
werden die wirklichen Krokusse blühen,
Schwalben wiederkehren und
ihre Nester bauen wie Generationen zuvor?
Wann wird der Morgen
grauen zum Tag des ewigen Glücks?

Sehnsucht

Wann immer Schiffe vorüberziehn,
sehen die Menschen vom Ufer hin,
führen gern selber mit auf den Booten,
hielten das Ruder, schlügen die Knoten.

Voller Sehnsucht ist jedes Segel,
Fernweh begleitet den Flug der Vögel.
Blau und endlos scheint das Meer,
blau wölbt der Himmel sich drüberher.

Tief wie Vergessen ist diese Bläue
selbst unerschöpflich immer aufs neue.
Die Schiffe ziehn wie vor tausend Jahren
und wie sie in weiteren tausend noch fahren.

Rings um die Ufer erwacht das Grün,
der Frühling lässt tausend Blumen blühn.
Die Menschen wandeln in den Alleen,
sie grüßen einander und bleiben stehn.

Die Hand deckt das Auge, im Schattenkegel
folgen die Blicke dem fernen Segel,
es einzufangen, eh' es entschwinde,
beschwingt vom frischen Abendwinde.

Dann kehren sie um zum häuslichen Frieden,
wie er Bescheidenen ist beschieden.
Doch die voller Sehnsucht bleiben stehn,
solange sie noch ein Segel sehn.

Grausilberner See

Zwei Schwäne in niedrigem Flug
lassen dem See ihre Schatten,
suchen in sicherem Zug
den Platz, den sie gestern hatten.

Ihr Weiß, von der Sonne bestrahlt,
lässt Berge düster ergrauen,
auf die noch kein Lichtschein malt
Häuser und Bäume zum Schauen.

Der See verharrt noch im Dunst,
versinkt in lautloser Watte.
Nur eine Wasserkunst
plätschert auf steinerner Platte.

Die Glocke vom Münster schlägt zehn,
ein Signalhorn tönt aus der Ferne;
noch ist kein Umriss zu sehn,
nur ein Schimmer der Schiffslaterne.

Die Sonne erstickt fast im Grau,
nur weiße Wimpel erscheinen.
Wenn meinen Augen ich trau',
wirft ein Schiff im Hafen die Leinen.

Ein Windstoß fährt plötzlich hinein
in die milchige Nebelwatte,
und da macht der Sonnenschein
aus dem See eine Silberplatte.

Sage und Traum

Der Rauch von Holz
zieht über die Wiesen,
zieht über den See;
Tage wie diesen
von sanftem Stolz,
von tiefem Weh
binden die Menschen,
binden die Bäume
von ihren Wünschen
an ihre Träume,
gründen die Liebe,
tief wie den See.
Und wer das schriebe,
von Eis und Schnee,

müsste das Holz und müsste den Rauch
in seinen Versen besingen auch –
ganz gleich, ob Sommer, stechend und heiß,
oder ob Winter mit Schnee und Eis:

Das Feuer wärmt uns,
ob im Kamin –
oder umschwärmt uns
ganz innen drin!
Zeitlose Tage –
Rauch überm Haus:
Feuer und Sage
gehn nie mehr aus.

So geht ein Jahr

So geht ein Jahr,
der Weizen steht im Gold,
hinüber huscht der Schwalben Schar,
darein ein ferner Donner grollt.

Die Trauben bergen Wein,
das Laub hält Farben feil,
und Erntewagen fahren ein
der vielen Früchte reifen Teil.

Am Wald stehn finster,
wenn der Abend steigt,
Wacholder, Ginster,
die der Wind durchgeigt.

Nun türmt sich Sturm,
die Wolken gehn zuhauf.
Den letzten Schlag vom Turm
hebt schon der erste Schlag des Wetters auf.

Spätsommer in Schwärzloch

Nachmittagssonne übergießt das Ammertal,
blau hängen Zwetschen in den Schattenzweigen.
Die Welt ist da zuletzt ein Jammertal,
wo sich die Bäume voll der Früchte neigen.

Und all die weißen Äpfel, die zu Boden fallen,
sammeln behende Kinderhände ein,
und Wochen später wird die Kelter sie zermahlen,
und in den Fässern gären sie zu Most und Wein.

Noch werfen Schwalben voller Übermut die Schwingen,
noch kreist der Bussardschatten ob dem Tal,
noch klingt vom Wiesenhang der Kinder Singen,
noch gibt der Sommer sich zum letzten Mal.

Es ist wie ein Verschwenden vorm Verschwinden,
ein Fest, ein Überschwang von Glanz und Licht,
ein letztes Feiern, Tanzen, Kränzewinden
vor einem Herbst voll Schatten und Verzicht.

Septemberregen

In die Kissen aus Wolken
fällt Fräulein Holle.
Ihr Kleid sinkt wie Flocken
zur Erde.
Ich schüttle das Bett,
bis es quietscht vor Vergnügen.
Fast quellen die Federn
wie Samen der Lust
aus den Ritzen.
Nach dem Sturm,
nach dem Regen
ertrinken wir beide
im Schnee unserer Mattheit,
versinken im Schlaf
unseres zeitlosen Glücks.

Spätsommertag

Am Himmel segeln Wattebälle,
und wohlig windet sich der Fluss.
Dazwischen steht der Tag, der helle,
der sich noch einmal spiegeln muss.

Ein Fisch wirft in den Spiegel Ringe
und schnappt die Luft mit gier'gem Mund,
zieht ein die Heiterkeit der Dinge
und senkt sie in den tiefen Grund.

Vom dunklen Grund der Dinge zeugen
Holunderbeeren ohne Zahl,
so dass sich schwarz die Äste neigen
von Perlen schwer im Sonnenstrahl.

Da leuchtet gelb von Sonnenblumen
ein Feld wie tausend Sonnen licht
und steigert so noch das Volumen
des Strahls, der aus dem Himmel bricht.

Dahinter ungezählte Birnen,
sie schimmern üppig durch das Laub.
Mit Körben nahen sich zwei Dirnen,
eh' ich mir eine davon raub –

von Mädchen – Früchten, das bleibt offen
an diesem späten Sommertag,
an dem so mancher manches hoffen
und vieles wohl bekommen mag.

Herbst am Teich

Weicher Wind kräuselt das Wasser im Teich,
die Mühle reckt ihre Flügel stets gleich,
sie schneidet nicht mehr den Wind, die Zeit.
Die Kindheit ist nah – die Kindheit ist weit.

Lustig tanzt auf den Wellen der Schwimmer,
aus dem Wasser springen die Fische wie immer.
Die Luft ist milde, die Sonne scheint,
hat es der Himmel je besser gemeint?

Zum Essen habe ich Brot, Eier und Schinken
und einen Portugieser zum Trinken.
Ich muss zum Glück vom Fischfang nicht leben,
und fange ich etwas, werd ich's Freunden geben.

Ich suche den stillen, einsamen Frieden,
die herbstliche Sonne, den Wind aus Süden.
Der Sommer nimmt Abschied in diesen Tagen,
ich will ihm bewusst „auf Wiedersehn" sagen.

Wie schön ist das Jahr, eh der Herbst beginnt,
wie tätscheln die Wellen, wie kost der Wind.
Die letzten Schwalben huschen vorbei,
ersehnen den letzten – den kommenden Mai?

Wird der Winter nicht allem ein Ende bereiten,
Schnee und Vergessen darüber breiten?
Ich schaudere bei dem Gedanken daran
und ziehe mir meine Jacke an.

Wo werden wir bleiben in künftiger Kühle,
die Fische, die Schwalben, der Teich und die Mühle?
Ich weiß nicht, in welchem Buche es steht,
dass einst auch die letzte Wärme vergeht.

Die Welt stirbt an ihrer eigenen Kälte,
nachdem ihr schon lange der Lichtglanz fehlte.
Drum will ich sie nutzen, die letzten Tage,
eh Sommer und Sonne werden zur Sage.

Septembereiche

Ernst und dunkel, ruhend, groß
und vom Sommer kaum gelichtet,
hat aus ihrer Wurzeln Schoß
sich ein Schatten aufgerichtet.

Rings die Wiesen träumen mild,
Falter suchen letzte Blüten,
während Bäume dieses Bild
stumm beschatten und behüten.

Kühle steht schon gläsern fest,
schwache, späte Sonnenstrahlen
suchen tastend durchs Geäst
Farben auf den Grund zu malen.

Nur ein Windhauch fächelt leise
letzte Wärme durch den Baum,
pfeift die letzte Sommerweise,
singt vom letzten Sommertraum.

Danach ruht die Eiche wieder,
sinkt in ihren Schattenschlaf.
Still lass ich mich bei ihr nieder,
weil ihr Ernst mich tief betraf.

Steh' ich an des Sommers Ende,
am Beginn des Herbstes schon,
klingt nicht eines Lebens Wende
mir mit ihrem Klageton?

Wenn mir Glanz und Hitze schwinden
und die Lichter werden kalt,
heißt es, neue Wärme finden,
starke Bäume, festen Halt.

Dunkle Eiche, Blätterturm,
deine Stärke und dein Stehen
lassen Herbst- und Wintersturm
schwerelos vorübergehen.

Nebelsonne

Oktoberspätnachmittagsdunst,
schöner als jede Malerkunst,
tüpfelt die Sonne mit weichem Pinsel
in Nebelhauch ihr Lichtgerinnsel.

Das Dorf schläft still wie unter Glas;
Wald und Wiese beschweigen das
und strecken sich in weichem Flaum;
bettpfostengleich reckt sich ein Baum,

wirft seinen dunklen, langen Schatten
über die fahlen Wiesenmatten:
Die Sonne malt. Ihr Glanz wird schwächer.
Nun bleibt nur noch der leuchtende Becher.

Herbstfrieden

Rauchfeucht dunstet die Nebelluft
über orangeroten Hagebutten –
von Laub und Erde ein Herbstesduft
lässt längst keinen Winter vermuten.

Es fruchtet das Jahr, es goldet das Laub,
kein Hauch rührt sich zwischen den Blättern.
So sanft schleicht der Herbst, damit niemand glaubt,
es könne bald Sturm drüber wettern.

Ein Frieden auf Zeit, nur hier und jetzt.
Die Luft wird kühl, und die Trauben reifen,
und wer sich von Herzen am Wein ergötzt,
nach dem wird noch lange kein Winter greifen.

Die Blätter fallen, die Wärme weicht,
noch treibt sie kein Wind durch die Straßen.
Der Kopf wird schwerer, das Herz wird leicht,
ein Goldherbst voll Glück ohne Maßen!

Oktobertag

Rauschende Pappeln, der Himmel graumatt gestreift,
im blätternden Birnbaum ein Seidenschwanz pfeift.
Weißsilbrige Fäden als letzter Gruß
des Sommers, der nun scheiden muss.

Gleißendes Licht, düstere Schleier davor,
schwirrende Krähen gellen im Chor.
Über brachsatte Erde wirbeln Blätter,
Winterahnen: Oktoberwetter.

Novemberrosen

Weißer als Schnee leuchten sie auf,
schauen frierend durch's beschlagene Glas,
so, als wollten sie sagen: Was
nimmt das Jahr seinen Lauf?

Meine Blüten welken im eisigen Ost.
So endet der lange glückliche Sommer,
und kommt nun der Winter, so komm' er;
schön ist der Tod im klirrenden Frost.

Noch aber leuchtet ihr Wolkenweiß,
lacht am heiteren Tage ihr Licht,
und ehe der Winter die Rosen bricht,
brech ich mir eine, ganz leis.

Vergänglichkeit

O Ahorngold, o Sonnenlicht,
wie es durch Blatt und Zweige bricht!
Doch unten ist noch grün der Baum,
gelb erste Blätter – wie im Traum
von einem höh'ren Himmelslicht.
Sie ahnen nur, sie wissen nicht,
was ihnen noch im Lichte blüht
und wie ihr letztes Grün verglüht.
Doch ehe sie zur Erde fallen,
ist noch ein großer Glanz in allen.
Danach ist Herbst, ist kahle Zeit,
und jeder Baum zum Tod bereit.
Doch zeugt der Hirsch in seiner Brunft,
von neuen Frühlings Wiederkunft.
Und auch in mir die Herbstesglut
weckt immer neuen Lebensmut.

Herbstende

Noch leuchtet in dem Feuerkleide
ein Herbst, wie ich noch keinen sah,
um mich die bunte Augenweide:
Ich staune an, was da geschah.

Die Buche strahlt im Gold der Sonne,
die Eiche tönt sich erdenbraun,
der Wein färbt sich gar rot vor Wonne:
Es ist ein Rausch, nur hinzuschaun.

Die Rose trägt noch grüne Blätter,
die letzte Blüte dunkelt rot,
solang nicht Frost und Winterwetter
verfügen schließlich ihren Tod.

Die Luft steht still, und leise lausche
ich in die wintermüde Welt,
eh' ich den langen Sommer tausche
mit Wärme, die mich drinnen hält.

Wer sich des Schönen kann besinnen,
mag es nun auch vergangen sein
und draußen kalt, hat Wärme innen
und seiner Lampe langen Schein.

Winterwald

Winterwald –
wie er bald
widerhallt:

Weihnachtsfreud,
Weinensleid
weit verbreit':

Einsamkeit,
Einsamzeit
ist noch weit!

Schnee von morgen

Silbriges Himmelslicht,
Erde in tiefem Weiß.
Zu einem Teppich dicht
häufen sich Flocken leis.

Über dem Land liegt ein Glanz,
schön wie Anfang und Tod.
Darin versinken ganz
Grauen, Gefahr und Not.

Tage bedeckt nun schon
Schnee das Elend der Welt,
dämpft lauten Klang, schrillen Ton,
der sie in Atem hält.

Nun aber hält sie still –
kein Wind, kein Atem, der haucht,
als wenn sie schlafen will,
weil sie für immer verbraucht.

Trostvoll das Laken spannt
zum Totenbett
gütige Vaterhand.
Die Zeit der Erde vergeht.

Die erste Schwalbe

Die erste Schwalbe
ist des Sommers Geschoss,
gezielt auf mein Herz.
Es hat getroffen.
Die erste Kugel
trifft selten sonst,
aber das Gute
findet mich bloß,
bereit zu bluten,
zu weinen, zu lachen
vor Glück.
Die erste Schwalbe
macht keinen Sommer;
mich macht sie froh.
Dein Gruß,
dein Geschoss
traf mich ins Herz.

Venedig

Ein Weltreich
im Glassturz verkrochen
unerreicht
fängt es die Welt
wie das Meer
in seinem Netz
von Kanälen.
Es bestattet sich selbst,
aber festlich –
ein vornehmer Karneval:
So geht es zugrunde.
Noch lebt es
in tausend Zuckungen
wuchert es
treibt seine Preise
versetzt seine Schätze.
Wer bietet mehr?
Wann sagt der Auktionator
endlich ‚zum Dritten'?

Heide

Wie ich meine Seele weide
auf der winterlichen Heide
in dem Nebel, weich wie Seide,
und in mollig-warmem Kleide
dennoch fröstelnd, weil ich leide.
Nimmer sind vereint wir beide,
trauernd ich heut von dir scheide
Mädchen, du wie Samt und Seide!
Glücklich waren einst wir beide,
du in deinem weißen Kleide
auf der sommerwarmen Weide,
tief versteckt auch im Getreide,
weit entrückt von allem Neide,
warst du meine Augenweide.
Doch am schönsten auf der Heide,
wenn sie blühte, war die Freude,
auf der ich nun einsam weide,
weil es kalt ist und ich leide.

Hirtenhaus

Schafe gingen ein und aus:
Mütter, die die Lämmer säugten,
Lämmer, die die Böcke zeugten;
Menschen zogen ein und aus.

Rauch verdunkelte das Holz,
und an stillen, dumpfen Tagen
schwebt ein Duft von fremden Sagen
und ein Hauch von Hirtenstolz.

Von den Eichen weit umrauscht,
schweigt das Leben wie gebannt.
Licht und Lärm sind übermannt
und die Zeiten wie vertauscht.

Was ist gestern, was ist heute?
Sommer, Winter wechseln bald.
Altes Hirtenhaus bleibt alt,
leben drin auch neue Leute.

Costa Alto di Piano

Neigt sich mein Mund
zum Olivenzweig
im Golf von Sorrent,
neigt sich mein Leben.
Die Sonne fällt blass
über Capri,
der ewige Singsang.
Vesuvische Asche
düngt Zitronenbäume.
Mein Leben stirbt
ohne leuchtende Frucht
blauer Oliven,
gelber Zitronen.
Doch die Zitronensonne
geht weiterhin täglich
unter und auf,
als sei nichts gewesen.
Und der Olivenbaum
wird irgendwann
tausend Jahre alt.
Für tausend Lire
reicht ein Mädchen
mir den Kaffee,
ein altes Caprilied
auf den Lippen:
So langsam läuft
hier die Zeit.

Arrecife de Lanzarote

Die Kehrbesen dieser Palmen
fegen den Himmel nicht blank.
Die Schlote von Schiffen qualmen,
zwischen den Häusern Gestank.

Lichtweiß nur das Gemäuer
abseits schlafender Villen.
Wer wird das durstige Feuer
der glimmenden Gassen stillen?

Glutäugige Kinder hoffen
auf ein zukünftiges Glück.
Meer und Himmel sind offen,
niemand kehrt zurück.

Nur der Saharasand
fliegt heran auf dem Wind,
breitet sich über den Strand,
eh' er die Stadt gewinnt.

Einstige Schönheit erstirbt.
Armut bleibt weiter arm;
und nur der Fremde erwirbt
käuflich vergangenen Charme.

Blüten im Traum

Blüten im Traum
fallen nicht ab,
schließen sich nicht,
öffnen sich nachts.
Welken nie,
sterben an Trauer,
flüchten vor den Erynnien der Nacht.
Bitterkeit, Gram, Kummer
sind tödliches Gift
für die Blüten des Traums,
die das Leben
verzaubern, umduften,
färben, beleuchten,
himmlisch beglücken.

Alles wissen

Alles wissen – fast,
nichts können – fast:
welch ein Kontrast!

So viel sollen,
so viel wollen –
welch eine Last!

Der neue Morgen,
erfüllt mit Sorgen,
ist mir verhasst.

Nichts mehr zu müssen,
Freiheit zu küssen
hat mich erfasst.

Todesschwingen

Schwalbe mit dunklen Schwingen,
behender, finsterer Tod:
Ich, deine Mücke –
du pickst zu und fliegst weiter.
Immer wieder deckt mich
dein Schatten,
bricht durch den Himmel,
aber der bleibt.
Schwalbenschwänze noch
schwingen im Takt
des gemessenen Gangs
der Bestatter.
Mitten im Sommer
ist der Tod eine Schwalbe –
was sonst?
Generationen von Menschen
sterben wie Mücken.
Ab und an auch ein Falter,
aber Schmetterlinge
sind selten geworden.
Sie sterben aus
wie die alten Menschen
mit starken Gesichtern.
Noch fliegen Schwalben
am stählernen Himmel.
Solange gestorben wird,
wird auch gelebt.

Fasters Himmelfahrt

Allem Irdischen entnommen
löst sich fast der Körper auf.
Langsam auf den Hund gekommen
nimmt er gerne dies in Kauf.

Leichter hebt sich so die Seele
täglich zum Gebet empor,
dass sie nicht den Weg verfehle
aufwärts bis zum Himmelstor.

Abgeworfen wird der Ballast
meines Körpers – Pfund um Pfund,
dass er nicht mehr als Reallast
zieh' mich in den Höllenschlund!

Und so schweb' ich – leicht gehoben –
schon fast über dieser Erd',
bis ich einst am Himmel droben
sanft durchs Tor geschoben werd'!

Gnädig gleiten dann die Blicke
auf die Fast- und Beter nieder.
Ich am Manna mich entzücke,
auch der Nektar schmeckt schon wieder.

Nur wer fastet, schwebt zum Himmel,
sagte schon der alte Virchow.
Und das übrige Gewimmel
wartet erst mal auf dem Kirchhof ...

Abschied wie von einer Geliebten

In diesen Tagen haben sie dich zu Grabe getragen,
ich konnte dem Zug nicht folgen,
nicht noch Worte des Abschieds dir sagen.
Ich kam zu spät,
zufällig, erschreckt von der Nachricht,
wortlos getroffen,
in der Seele betrübt.

Es war vor 27 Jahren,
als ich dich zum erstenmal sah,
ein Junge von acht Jahren war ich,
gespannt zwischen Wohlerzogen- und Wildheit.
Du aber ließest dich durch beides nicht ängsten
und nahmst mich in dein Herz.
Klein und gebückt schon damals,
scheinbar alterslos grau dein Arbeitskleid, dein Blick,
selbst dein Wort.
Alles war unauffällig, schmucklos und karg.

Ich durfte dir die Kühe
zum Melken heimtreiben,
den Eimer zur Kanne tragen,
die Milch durchseihen.
Während du molkst, spielte ich,
erstieg die Esche.
Eine Wespe
flog mir in den Hemdkragen
und zerstach mir den Rücken
acht- oder zehnmal.
Ich schrie.
Du aber lindertest den Schmerz
mit der frischen, warmen Milch,
nachdem du den übermütigen,
jetzt hilflosen Knaben
von dem arglos bösen Insekt befreitest.

Wenn die Kartoffeln geerntet wurden,
war deine Zeit.
Auf der großen Sackschürze rutschtest du
– hurtiger als die ablasswilligen Bußpilger
auf den verwetzten Stufen der Ewigen Stadt
von Sankt Peter –
die Reihen des Feldes hinauf
und hinab,
die dem Pennäler, gleich seinem Ferientag,
ohne Ende schienen.
St. Petrus
– Stehpetrus ausgesprochen –
war in gutartigem Blau auf der großen Tasse geschrieben,
die in dem düster-vertrauten Küchenschrank aufbewahrt war.
Der Schrank trug oben wie ein Epitaph deinen Namen
oder den deiner Mutter:
Minna Meyer.

Du warst hier zu Haus,
aber du hattest nichts von einer Herrin.
Du dientest, brachtest Rindern und Schweinen
In schweren Eimern das Futter,
holtest in anderen die Milch zur Kammer.
Würde man dir ein Denkmal setzen,
das du eher verdientest als mancher Feldherr,
man müsste dich so abbilden,
wie man dich fast immer sah:
Gebückt, einen Eimer tragend.
Die Tiere waren dir anvertraut,
und manchmal sprachst du mit ihnen
wie mit Vertrauten.
Sie liebten dich, folgten deinem Ruf, der etwas Wisperndes hatte,
immer ein wenig schüchtern klang,
wie wenn der Herr Pastor zu Besuch kommt.

An Feiertagen oder zur Kirche trugst du
– nur für ein paar Stunden –
dein Schwarzes, das beständiger war als die Weltgeschichte.
Du bekamst darin einen feierlichen Zug wie zum Abendmahl,
selbst bei der Kaffeetafel,
fühltest dich darin fremd.
Wirklich dein war nur das graue Linnen der Arbeit
und darüber die selbstgeknüttete Jacke
aus brauner Heidschnuckenwolle.

Mir hast du zu Weihnachten
in einem Kriegswinter
einen Pullover gestrickt, schillernd blau in grau.
Es mag 42 oder 43 gewesen sein,
als der Hof die beiden Söhne verlor
und der Schmerz die Menschen,
uns alle
tiefer verband.
Aus Leid wurde Liebe.
Ich wurde dein Neffe,
fast wie ein eigenes Kind.
Du brauchtest lange für den Pullover,
die Männer fehlten dem Hof,
die Abende waren kurz,
an denen du stricken konntest.
Aber zum Fest war er fertig,
nur die Knöpfe fehlten noch,
es gab sie so schwer.
Später hast du sie nachgenäht,
blaue Glaskugelknöpfe,
wie man sie damals gern trug.
Ich habe den Pullover viele Jahre gehabt,
er war auf Zuwachs gestrickt und wuchs mit mir.
Er kratzte zwar, und ich konnte Wolle nicht haben,
aber ich trug ihn
wie eine offene Liebeserklärung an dich.

Wir hatten auch Heimlichkeiten.
Vom Neffen Hermann war eine kleine Tonpfeife da,
braun lasiert und mit silbern glänzendem Deckel,
der zuklickte und bei glimmender Pfeife
nur um den Preis leichter Verbrennung
wieder zu öffnen war.
Die schenktest du mir, als ich dreizehn war,
und gleich eine Handvoll Krüllschnitt dazu.
Ich rauchte sie hinter dem Holzstoß
und verließ das Versteck erst,
als es unvermeidlich war,
denn dieses heimliche Vergnügen
hatte eine in jeder Hinsicht fördernde Wirkung. –
Auch unsere Freundschaft wuchs dadurch
und wurde fester, so fest,
dass sie auch die Trennung überstand.

Nach dem Kriege nämlich zogen wir fort,
und du gingst in meine Träume
und Erinnerungen ein.
Aber in den Sommerferien,
wenn der Roggen reifte,
oder im Herbst,
wenn es auf dem Kartoffelfeld
die Knieprozession Richtung Rom und zurück zu machen galt,
fand ich mich ein
und blieb an deiner Seite.

Du machtest weißen Sahne- und Kochkäse für mich
und für die Eltern daheim.
Ein Käse, wie ich ihn nie auf der Welt wiederfand.
Ich probte bei Feinschmeckern Pfefferkäse,
in Feigenblätter verpackt,
aß auf Sennhütten frischen Schweizer,
Schafkäse mit griechischen Hirten.

Aber keiner erreichte den milden Zauber des deinen,
der gelb und weiß sich schichtete wie ein Welfenpudding,
und der sanft im Mund zerbröckelte
und den Geschmack umso länger erhielt.
Und der Kochkäse,
der schon auf dem Schwarzbrot schmelzend wie Honig zerging,
er benahm sich auf der Zunge
wie sonst nur Liebesglück sich in Herzen benimmt.
Er schuf jene Lust, die Ewigkeit will und nie satt wird.
Auch von ihm konnte man nie genug bekommen,
und wenn man längst satt war.
Dich selbst habe ich nie davon essen sehen.
Er war
– als deine schönste Schöpfung –
wie du selbst immer nur für andere da.

Ich weiß, Tante Minna,
dass du mir das Lächeln verzeihst,
das zwischen diesen Zeilen steht.
Für Spaß warst du immer zu haben,
obgleich ich mich auch
an viele leise Seufzer erinnere
und obwohl mit dem Alter
– am 10. Juli wärest du, glaube ich, 73 geworden –
ein Zug von Bitterkeit dir um Augen und Mund lag.
Das Leben hat dir nicht viel geschenkt.
Keinen Mann, keine Kinder, keine freie Zeit,
keinen Reichtum, keine Reisen, keine Schönheit,
wenn die anderen feierten, bliebst du daheim, –
ein wenig menschenscheu,
aber nie menschenfeindlich.
Nein, in dein Herz geschlossen,
war man gut aufgehoben,
bekam deine Liebe in mancher kleinen Geste,
manchem verstohlenen Lächeln zu spüren.

Dieses Lächeln
leuchtete wie ein Diamant aus der Asche,
wenn ein wenig Licht von Zutrauen
in das Grau deines Alltags fiel.
Dass nie ein Mann
die Kraft solcher Liebe in deinen Augen
erkannt hat, als du jung warst!
Du hättest eine liebende Frau
und vielen Kindern Mutter sein können!
Aber dein Gesicht war unebenmäßig
und deine Gestalt verwachsen.
Keiner hat in diesem Leben
die verzauberte Prinzessin in dir erlöst.
Gott erlöste dich ganz.
Nur einzelnen
Wenigen leuchtete hier schon
durch dein Lächeln,
dieses schiefe, graue, seufzende,
abgearbeitete, aber unerschöpfliche Lächeln
dein Herz.
Ich habe zu ihnen gehört.
Ich habe mich in deiner Liebe geborgen gefühlt,
auch als ich längst weit in der Fremde war.
Ich trage sie unverlierbar in mir,
diese Liebe, in der du mich trugst.
Ich danke dir.
Ich danke Gott für dich.
Ich vergesse dich nicht.

Dein Auge ein Urwald

Dein Auge ein Urwald –
ich sehe Meerkatzen klettern,
höre beredt den indischen Beo,
Schlünde tun sich auf,
eine Kluft ins Innerste der Welt,
daraus quellen wie aus der Arche
Saurier hervor, Elefanten
und Fledermäuse.
Eine Eule schaut zu, prüft, misst ab,
wagt den lautlosen Flug, greift
tödlich in Fell und Gefieder, hebt
sich davon, sucht größere Beute.
Tauben schwirren ins Freie,
setzen sich nieder auf meiner Hand –
ohne Brief, äugen sie zärtlich,
lassen sich fassen,
entwischen nach kurzer Berührung.
Alles plappert und schwirrt in Mangroven.
Affenbrotbäume ernähren hier
alle, die nicht gesät.
Mich überkommt Betäubung –
die Tauben schwirren hinzu und hinweg.
Dein Auge wächst. Ich versinke darin,
verirre im Urwald. Finde
nie mehr den Weg.
Hier führen nur Wege hinein.

Es ist Nacht

Ich habe geträumt und bin aufgewacht,
habe gegrübelt und so gedacht:
Welche Verbrechen in dieser Nacht
geplant wohl werden und auch gemacht.
Wie viele Kinder gezeugt oder umgebracht,
wieviel gelitten oder gelacht,
wieviel Sorgen laut oder sacht
Menschen um ihren Schlaf gebracht
haben werden, hab ich gedacht
und mir selber Sorgen gemacht,
die ich nicht habe, denn auch in der Nacht
bin ich behütet, gut überdacht,
habe mein Leben in Ordnung gebracht,
fahr in den Hafen mit großer Fracht.
Und käm' einmal meine letzte Nacht,
nach der man irgendwo anders erwacht,
so wär' ich darüber nicht aufgebracht,
drum schlaf ich leicht ein auch in dieser Nacht:
Es ist noch lang bis zum Frühstück um acht ...

Schönes Vergehen

Jung und rosig blühen Nelken
und verschwenden ihren Duft.
Rosa Jugend muss verwelken,
enden in der Schattengruft.

Alles Leben ist zum Sterben
angelegt vom ersten Tag.
In dem süßen auch den herben
Duft ich nicht vermissen mag.

Jede Schönheit wächst in Wahrheit
dem, der ihren Tod erahnt
und von jener ew'gen Klarheit
spürt, die alles Leben plant.

Eine Schönheit, die nicht traurig,
weil sie bald verblühen muss,
ist nicht schön mehr, nur noch schaurig
ohne diesen Todeskuss.

Er verzaubert das Entstehen,
gibt ihm Glanz der Ewigkeit,
und er lässt auf das Vergehen
sinken süße Seligkeit.

Mitten im Licht

Die an den Kelchen des Bacchus genippt,
verlässt nie mehr sein heimlicher Zauber.
Trunken vom himmlischen Meer,
taumeln sie leuchtend verzückt,
glückliche Falter, ins Licht,
im Auge ein Meer von Erleuchtung.

Träumend, von Flammen versehrt,
schwingt sich ihr Flügel hinauf
in die seligen Sphären des Äthers.
Umfangen von göttlichem Glanz,
himmelweit allem entnommen,
verlöschen sie mitten im Licht.

Wüstenschöne

Ach, ich müsste
vierzig Tage in die Wüste,
dass ich büßte
für die sündhaften Gelüste
und ich wüsste,
dass ich mich auf morgen rüste,
Fleischeslüste
unbedingt vermeiden müsste.
Doch die Süß'ste
aller meiner süßen Lüste,
die ich küsste,
auf den Mund und auf die Brüste,
wenn ich wüsste,
dass sie mit mir teilen müsste,
mein Gerüste,
ging ich gerne in die Wüste,
und ich büßte
dort für alle anderen Lüste.

Sonne, Mond und ich ...

Satt leuchtet das Vorabendgrün,
die Augustsonne geht dahin,
so rund und voll,
so wohlbeleibt,
dass man es gern zu Buche schreibt.

Jedoch schon an dem Abendhimmel,
kaum sichtbar in dem Dunstgewimmel,
hebt sich des Mondes schmale Sichel
mit spitzer Mütze gleich dem Michel.

Ich sitze da voll Hochgenuss
und weiß nicht, wem ich gleichen muss,
der runden Sonne, die vergeht,
dem schlanken Mond, der oben steht?
So gieß' ich mir auf's neue ein,
um klar zu seh'n, den klaren Wein.
Hör' ich auf meine Frau, die Gute,
dann ist mir sehr danach zumute,
dass ich dem schlanken Mond nachstrebe,
doch, wenn ich nach der Sonne lebe,
die ja die Lebensspenderin,
dann zieht es mich zur Fülle hin.

Und so vergehen meine Tage
Im Wechsel zwischen Glück und Plage,
vom Aufgang bis zum Niedergang,
bald kurz und dick, bald schlank und lang,
soweit mir dieses ist vergönnt
und man mich auch noch wiederkennt.
So zwischen Mond und Sonne schwank' ich,
für guten Rat ich stets bedank' mich
und währenddes auf seine Weise,
löst auch der Mond die Frag' ganz leise:

Statt meinem Wunsche abzunehmen,
sich sinngemäß anzubequemen,
nimmt er von Tag zu Tage zu
und gönnt mir damit meine Ruh',
so dass ich nicht mehr muss entscheiden
bei Mond und Sonne, wem von beiden
ich schließlich meinen Zuschlag gebe:
Ich trinke weiter und – ich lebe.

Morgen zum Leben

Trag ich's nicht
vor mir
mein zuckendes Herz,
auf meinen
offenen Händen?

Lebend zwar,
blutend, obwohl es erstirbt,
sei es auch in meinem Leibe.

Oft ist die Wunde
Vernarbt,
von Geburt geschlagen,
blutet sie wieder.

Glücklich ist
in mir
der Tod, der mich reißt,
errettet
morgen zum Leben.

Gott, warum ...?

Gott, warum läßt du die Menschen altern,
die doch das Höchste der Schöpfung sind?
Uns machtest du zu den Weltgestaltern,
die selbst schon kleine Götter sind.

Können der ewigen Schöpfung Haupt sein
wir, die in Kurzem verzehrt die Zeit?
Wir können morgen des Seins beraubt sein,
um die Gestirne weht Ewigkeit.

Gott, warum gibst du des Geistes Gaben,
Seelenkraft sterblichem Element,
wenn wir bedürfen doch, das zu haben,
was die Verwesung, den Tod nicht kennt?

Sieh jenen Alten, sein Leib war kräftig,
hoch stand sein Sinn, sein Mut war stark.
Schicksal wohl zauste und Zeit ihn heftig,
heut' ist er töricht und ohne Mark.

Er wollte Großes in seiner Jugend,
fordernd und opfernd und ohne Hass
ging er ins Leben, und seine Tugend
wuchs nach der Ehre, des Guten Maß.

Er wurde älter, und immer höher
helfend und lehrend ihn zog die Zeit,
führte dann bald dem Tod ihn näher,
nahm ihm des Geistes Unendlichkeit.

Alter wohl immer versklavt die Seelen,
tadelt sie, sich ihres Seins zu freun.
Gott, warum musst du dich in uns quälen?
Lasst uns im Alter jugendlich sein.

Weinbergpfirsich

Weiß, süß und samtener
als jeder Mädchenpopo,
jede segelnde Wolke im Sommerblau
kugelt er vor meinen Augen
im Badekelch perlenden Schaumweins.
Sommertage der Kindheit,
als der Vater ihn zog,
vor dem Südzimmer ihn reifen ließ:
ein Traum von Jugend, Süße –
Unschuld und seligem Rausch.
Wohin ist die Jugend, die
Pfirsichblüte, das Gestern?
Selig das Heute, der rollende,
berauschende Pfirsich auf
meinem Sommerbalkon,
meiner Weinberghütte.
Noch segeln die Wolken,
dreht sich die Erde um die
Sonne, die strahlt wie
ein Weinbergpfirsich.

Ich lebe den Tag

Ich lebe den Tag
jedes Mal neu,
weil ich nicht frag',
sondern mich freu.

Ich spüre die Sonne,
ich atme den Wind
und strecke voll Wonne
mich aus wie ein Kind,

das noch im Gähnen,
kaum dass es graut,
schon voller Sehnen
nach draußen schaut.

Jeder Atemzug,
jeder Augenblick
ist mir genug,
ist voller Glück.

Zum Frieden fertig

Inmitten Krieg und Streit
bleibt unser Tun
kaum eine Kleinigkeit.
Mein Herz mag ruhn,
doch gegenwärtig sein,
allem, was lebt,
zum Frieden fertig sein,
der durch uns webt.
(Apg 17,28)

Die Luft steht still

Die Luft steht still,
still ist die Zeit,
mir fehlt so viel,
die Welt ist weit,
ist weit und leer,
mein Herz ist schwer,
wird weit und groß,
lässt alles los,
steht endlich still,
wie Luft und Zeit,
nichts, was es will,
nur Ewigkeit.

Rosa

Hohen Sommers Liebeswerbung
reizt in dieser Rosenhelle
gleich dem Fleisch der Lachsforelle
in dem Leuchten ihrer Färbung.

Blütenkronen schöner Stunden –
Abendkleider auf den Bällen,
deren Glanz die Farben hellen –
glühn wie Fleisch in frischen Wunden.

Künstlich wie Papier in Hallen,
da sich Blumen Schützen stellen,
die am liebsten Rosen wählen,
die vom Schuss zu Boden fallen.

Eines Jahres höchste Krönung,
von der Enkel noch erzählen,
sich Dianas Kleid vorstellen,
gleich wie diese Rosentönung.

Eines Sommers schöne Schenkung
werden sie für uns vorstellen,
in dem Blassrot, ihrem hellen,
zu unendlicher Versenkung.

Junge Liebe

Nur einer ist zuwenig,
weiß nicht wohin, wofür
und sieht ins Leere.
Ein Paar ist eine Welt:
Man sieht den Ring, der sich
um sie verlässlich schließt.
Er weiß, wofür
er lebt und kämpft,
sein Tun hat Sinn.
Sie ist geborgen und gebettet,
sein Schutz erhält sie zart.
Sie kann vertrauen und fühlt sich geliebt.
Das Glück, das Abenteuer, sich zu finden und
zueinander
zu gehören, miteinander
nun zu gehn, eröffnet Welten.
In deren Mittelpunkt jedoch
bleibt stets das Paar,
die eigene Welt,
ein Mikrokosmos,
der den Kosmos ändert:
Liebe geht stets von zweien aus und ist für alle.
Darum umschließt auch unsere Liebe
diese zwei.

Brunnen sind deine Augen

Brunnen sind deine Augen,
in die ich falle, so tief,
bis ich darin ertrinke.
Ich falle, stürze hinab
in deine Augen, in dich,
durstig, haltlos, voller
Vertrauen und Hoffnung,
grundlos bis auf den Grund.
Da bist du, fängst
mich auf, hältst
mich, fällst in mich.
Ich nehme dich auf.

Feder im Wind

Eine Feder im Wind
falle ich Dir zu
Stufe um Stufe.
Ein Windstoß genügt,
uns zu trennen
oder uns zu berühren.
Einer Schwalbe oder einer Taube entfallen,
stehe ich zwischen
gestern und morgen
auf der Woge des Windes.
Du streifst mich, ich
schwebe auf Deiner Berührung.
Wie Sonne den Sturm stillt,
legt sich der Wind im Licht
deines Haars:
Ich falle Dir zu.

Der erste Kuss

Schon dreizehn mal hat sich des Tages Lauf vollendet,
schon dreizehn mal habe ich den Mund, den du geküsst,
  zum Schlaf geschlossen,
und manchmal habe dann im Traumgesicht ich nachts dein
  Bild genossen,
bis mählich sich die schwarze Nacht zum lichten Morgen hat
  gewendet.

Wann endlich werden meine Augen dich erblicken,
wann wird mein Ohr ein liebes Wort aus deinem süßen Munde
  hören,
wann wird mein Mund in einem Kusse meine Liebe dir
  beschwören,
auch nur in einem Wort des Herzens tiefe Sehnsucht zu dir
  schicken?

Grotte des Catull

Wo liebesbebend einst in seiner Grotte
saß Catull, den Blick auf den Olivenhain
gerichtet, Lieder sang dem Meeresgotte
und der Venus, sitz' ich und gedenke dein.

Der See schickt Wellen auf die flachen Stufen,
und die Oktobersonne leuchtet warm und weich;
im Silberdunst hör ich die Möwen rufen.
Der Stein ist alt, der Glanz des Südens ewig gleich.

Die letzten Bögen krönen eine alte Stadt,
und Säulenkapitelle – ionisch, dorisch –,
die ein Eroberer herabgestoßen hat,
verzaubern diese Landschaft metaphorisch.

Catull lebt weiter. Poesie liegt in der Luft.
Oliven kränzen liebend noch den Frühvollendeten;
Granatäpfel und Quitten, die den Duft
vom Rand des Paradieses zu mir sendeten.

Befangen und verhalten

Du warst ein Mensch, den ich verehrt,
voll Anmut, Charme und Lächeln.
Im stillen hab ich wohl begehrt
des Haarschopfs nahes Fächeln.

Dein Wort floss weich und honigsüß
von deinen Mädchenlippen.
Und wenn das letzte sie verließ,
wollt ich so gern dran nippen.

Doch war ich all die Jahre stumm,
befangen und verhalten.
In deinen Augen gar auch dumm,
und du hast recht behalten.

Du musstest mir die Brücke baun,
dich einfach zu mir setzen
und tief mir in die Augen schaun
und lächelnd mich ergötzen.

Ich blickte fort, du sagtest mir's
und zwangst mich herzusehen.
Mein Herz – ich offenbarte dir's
und ließ es übergehn

zu dir. Ich übergab es dir
zu Schenkung, Sklavung, Lehen,
und weiß nicht: Kannst auch du nun mir
noch in die Augen sehen?

Wenn du es tust, so will vor Glück
ich sprengen alles Mauern.
Doch wendest du zurück den Blick,
werd' ich wohl ewig trauern.

Es darf nicht sein, ich will nicht fort,
mein Herz dich nicht verlieren.
Soll ich an einen fernen Ort
ins Heim dich heimlich führen?

Frühlingsschmerz

Die Weide putzt mit Kätzchen sich,
im Schmuck steht jedes Reis.
Grüßt heute wohl mein Schätzchen mich,
das gar nichts davon weiß?

Die Osterglocken blühen still;
ihr Läuten hör' nur ich,
und weil ich's gerne glauben will,
glaub' ich, es meint nur mich.

Ein Glöckchen hab' ich abgepflückt,
legt' es ihr auf den Weg;
erst hat sie sich danach gebückt
dann warf sie's ins Geheg'.

Als sie errötend um sich blickt',
sah sie mich seitwärts stehn,
hat einen Weidenzweig geknickt
und wollte weiter gehn.

Dann nahm sie ihn, voll Kätzchen weich,
drückt an die Wange ihn
und steckt ihn für ihr Schätzchen gleich
sich an den Busen hin.

Da spürt' ich, wie allein ich bin
und dass ich einsam bleib'.
So süß und schmerzlich zog's mir hin
durch Seele wie durch Leib.

Wie die Weide

Blanken Fluss und grüne Hügel
und dein Haar im Sonnenlicht ...
Mein Träume haben Flügel,
gleiten um dein Angesicht.

Frühling ist's im weiten Land,
aller Tage hohe Zeit.
Hoffnung, wie ein Netz gespannt,
fängt sich alle Süßigkeit.

Du bist wie die Weide weich,
schlank und schön und Triebes voll,
schmiegsam und der Gerte gleich,
die sich mit mir biegen soll.

Schweigend sagen

Weiß nicht, was ich dir Wahres,
was Schönes sagen soll.
Es war des halben Jahres
Erfüllung schon so voll.

Ich bin dir fern und rede
von früh bis spät mit dir.
Und warst du da, lebt jede
Minute fort in mir.

Was nützt es, laut zu fragen,
was eins dem andern gibt,
statt schweigend sich zu sagen,
zu zeigen, dass man liebt.

Wenn du da bist

Wenn du da bist,
fehlt mir nichts.
Wenn du fort bist,
fehlst du mir –
also alles.

Bergreh

Deine Augen
im Dornenkranz
blühender Rosen,
flatternd wie Falter –
Grasmücken, dem Himmel
entflohen in helle Zimmer,
umduftet von Rosen,
schwingend auf Mozarts
Divertimento –
spiegelndes Glas,
Splitter im Auge
von Sonnenlicht,
das Strahlen zurückgibt,
von außen und innen
dich überschüttend,
du Strahlenbündel
im Dornenkranz
süßen Leides,
bitteren Glücks –
strahle mich an,
und ich muss
dich lieben.

Herbstlaub – Herbstlieb

Wenn nur ein Blatt,
das fällt,
ein anderes hat,
erwählt,
das bei ihm bleibt,
ganz nah –
der dieses schreibt,
der da,
der ist in allein –
bei sich;
will mit dir sein:
will dich!

Kirschbaum

Deine Haut war so zart wie die Blüte,
die zur Kirsche gereift über Nacht,
als zu deinem Mund, der so glühte,
mein Mund auf den Weg sich gemacht.

So rot und so voll, so weich und so tief,
wie der Abgrund, in dem ich versank,
wie der Falter, den die Kirschblüte rief
und der dann im Nektar ertrank.

Noch trunken taumle ich durch den Baum,
verwirrt zwischen Ästen und Zweigen,
im Herzen den sonnigen Blütentraum,
indes überall Kirschen sich zeigen.

Die schönsten von ihnen erfasse ich.-
Die Blüten, das stille Versprechen,
den lieblichsten Kirschbaum verlasse ich,
um endlich die Früchte zu brechen.

Herzangel

Widerhaken schlugst du in mein Herz,
ich folge dem Zug deiner Angel.
Süß ist das Sehnen und ziehend der Schmerz:
Seit ich fort bin, spür ich den Mangel.

Du hast mich betört, du hast mich verwirrt,
und mein glücklicher Mund hat noch lange
deine Zunge, deine Lippen gespürt
und die sanfteste Haut deiner Wange.

Den Feuerkopf hielt ich in meiner Hand,
deinen Busen umspannt die andre,
und dennoch erhoff' ich ein bleibendes Band,
das mich hält, wohin ich auch wandre.

Der Regen fällt, und die Kälte bricht ein,
das Jahr kehrt zum Winter zurück,
als sollte kein Sommer gewesen sein
und die Hoffnung auf neues Glück.

Und ob auch mein Herz, ob die Welt vereist –
der Haken bohrt tiefer sich ein.
Ob die Leine hält, ob das Band zerreißt:
Schuld soll die Fischerin sein.

Lass Misstraun niemals

Lass Misstraun niemals deine Liebe stören,
damit sie zart und jung und schutzlos bleibt,
und statt auf andre sollst du in dich hören,
auf deinen Herzgrund, der dich zu mir treibt.

Die andern Gründe mögen alle gelten
und die Erfahrung bleigewichtig sein:
Die Sterne, die sich über unsre Wege stellten,
sie leuchten dennoch, und der Weg wird richtig sein.

Noch sind wir zwei, die bald sich treffen, bald auch trennen,
zwei Wellenlinien, Schicksalskurven gleich.
Von wann an werden sie sich Parallelen nennen,
die sich vereinen im Unendlichen, in Seinem Reich?

Nicht dann erst, morgen sollen sich umschlingen
wie Ranken miteinander unsere Bahnen,
und selbst, wenn wir wie Gegner miteinander ringen,
soll im Umschlungensein man unsere Liebe ahnen.

Danke mir nicht

Entweder
haben wir einander
beide zu danken
oder
keiner.

Irene

Wie du Feuer und Wasser vereinst,
wie du Hass und Liebe verneinst,
wie du sie zu zwingen vermeinst,
eh du weinst!

Wie im Glanz deiner Sprache du lebst,
wie die Brauen und Blicke du hebst,
wie nach völliger Einheit du strebst,
dass du bebst!

Wie mit Sprühen Feuer du machst,
wie du selbst es schürst und bewachst,
wie entflammt du prasselst und krachst,
bis du lachst!

Glaub nicht

Glaub nicht, ich hätte dich vergessen.
Ich hab nur nicht den Mut und nicht die Lust besessen
zu einem schnöden Abenteuer.
Dazu bist du mir, bin mir ich zu teuer.
Ich bleib in Verehrung dir gewogen,
fühl' mich in Liebe zu dir hingezogen.
Und sollte uns der Himmel eine Chance geben,
wünsch' ich mir eines Tags mit dir zu leben.

Die Zeit ist reif,
die Uhren sind gestellt,
da vor der letzten Stunde noch ein Streif
auf meine späten Tage fällt.

Sonett an die Fremde

Als gestern ich vom Wegrand dich erblickt,
warst du noch eins von anderen Gesichtern,
und als du zaghaft grüßtest, leis und schüchtern,
sah ich dich stehn und habe stumm genickt.

Dann fühlt' ich deine Blicke auf mir ruhn,
darauf ein Trunk ließ mich dein Auge finden,
ich sah dein Lächeln meine Hoffnung künden
und lichtes Ahnen; aber nun

empfinde ich das Binden dieses Blicks.
Und wenn die Augen auch voll Scham sich wandten,
es war die Scham des unverhofften Glücks.

Voll Hoffnung winkten wir – du warst schon weit.
Und schmerzvoll in dem Augenblicke brannten
hartes ‚nie mehr' und süße Ewigkeit.

Rote Sonne

Rot geht die Sonne unter
und färbt die Wälder bunter.
Die Glut wächst jäh herauf,
sie fällt ins Tal hernieder
und kehrt erst morgen wieder
auf ihrem täglich gleichen Lauf.

Ich seh' sie traurig sinken,
die letzten Strahlen blinken
im sanften Abendrot.
So blutig rot der Abend
und doch mein Herze labend
wie für die Seele Wein und Brot.

In diesem Abendmahle
umschließ' der Frieden alle,
die froh ihr Tagwerk tun.
Auch die mit bangen Herzen
sich legen voller Schmerzen,
lass Gott in Heil und Frieden ruhn.

Zeit ist in allem

Zeit ist in allem,
und alles hat seine Zeit,
wie der Prediger sagt.
Durch uns gleiten die Tage
und wir durch sie,
wie der Faden sich spinnt
vom Fell bis zum Kleid.
Was bringt der Wechsel,
der Fortgang der Jahre?
Führt er voran
oder nur weg
vom Ursprung, von einst?
Ungewiss sind der Anfang, das Ende, doch Heimat
in beidem.
Nur der Weg wird uns schwer,
die Schritte bedenklich.
Setzen den einen wir vor,
bleibt der andre zurück,
und umgekehrt überholt
uns das Gestern.

Was heißt gestern,
was morgen?
Wo das Ziel und der Ausgang
nur scheinbar entzweit,
krümmt sich der Weg
in sich selbst und
kehrt irgendwann ins
Eine zurück.
Und findet ein Neues –
jenseits von Liebe und Hass,
Verlieren und Suchen, Friede
und Streit. Was zerstört,
wird erbaut, Gewürgtes geheilt.

Wer klagte, wird tanzen,
und die Tränen der Weinenden
erweichen Münder, die
lachen. Die Redenden
schweigen, die Stummen werden beredt, die Fernsten
sollen sich herzen,
und die Sterbenden werden
leben – wie einst.
Gut ist, den Gott zu wissen
am Anfang.
Sein ist die Zeit und damit
Weg, Ziel und Ende.
Die Zeit ist in ihm,
er nicht in ihr.
Überholt sind darin
wir alle.
Die Zeit ist gesprengt,
gefallen, gehalten,
gefasst, gesammelt,
gestillt.
Nun ruht sie, indem sie fließt
gleich dem Römischen Brunnen,
gibt, nimmt,
flüchtet und bleibt:
Nichts ist verloren,
obschon alles fließt.
Schnell fließt sie vorbei,
wir treiben in ihr
und fallen zurück –
nach vorn in die
göttliche Quelle,
die Zukunft des Ursprungs.

Niemand glaubte daran

Niemand glaubte daran,
dass es irgendwann
einmal brennen könnt!
Da doch nichts mehr brennt.
Selbst die Schindeln aus Ton,
Balken gar aus Beton:
alles ist feuerfest.
Phantasie aus Asbest,
sicher vor Funkenflug,
feurigen Geistes Zug.
Doch eines Tages stand
plötzlich die Welt in Brand.

Dorfabend

Still dämmert der Abend.
Kuhherden treiben,
die am Wegrand sich labend
fast stehen bleiben.

In der Luft Kinderstimmen,
vom Abend beschwingt.
Worte verschwimmen –
ein Knabe singt.

Das Lied von den Zelten,
die standen im Tal.
Versunkene Welten
erstehn noch einmal

im Ohr des Alten,
der seitwärts lauscht,
und das Bild zu halten,
die Erinnerung tauscht.

Sie zogen zu Fuß
durch Deutschland so weit.
Das Lied war der Gruß –
wie fern ist die Zeit!

Noch heut unter Linden,
wenn die Herde heimzieht,
will Jugend sich finden,
klingt das Abendlied.

Still sinkt der Abend.
Es nahen sich vier Reiter,
noch ganz leise trabend:
Der Sensenmann und die drei Begleiter.

Der Weltentag

Früh, wenn es dämmert,
wird eine neue Welt.
Das Licht trennt sich von der Nacht.
Die Nebel lösen sich auf,
das Feste zeigt seine Umrisse,
und der Wind flüstert erste Worte,
die noch keiner versteht.

Gott sagt: Das Werk kann beginnen:

Die Welt fängt neu an.
Soviel Anfang war nie,
welche Chance für uns alle!
Aber der Mensch, dieser Weltgreis,
macht einfach so weiter wie immer,
als ob nichts wäre,
und begreift nicht,
wie ein neuer Weltentag
wie ein Heiland vom Himmel herabsteigt.

Sonntagmorgen

Sonntag ist heute,
Glockengeläute
ruft mich hinaus.

Sonnenglänzen,
Narzissen kränzen
strahlend das Haus.

Grauheit und Grämen
können nicht nehmen
Leuchten und Glück.

Der Tage Trauer,
des Todes Schauer
weichen zurück.

Liebe zum Leben,
das mir gegeben,
füllt mir den Sinn.

Göttliche Lieder
schwingen sich wieder,
darüber hin.

Dass Gott ist

Ein Gottesbeweis
ist schon der Dank
für alles,
den ich tief in mir
spüre – für alles,
was nicht mein
Zutun braucht:
Die Sonne, die mich
morgens weckt,
das Herz, das zuverlässig
schlägt, dass mich das
Leben freut, ich Nächste
habe, die Liebe in mir
pulst und dass du bist
und ich dich spüre.
Dass eine Hoffnung ist
über den Tag,
ja auch den Tod hinaus.
Dass meine Eltern mir
gegeben, denen dein Wort
und Bild ich danke,
dass Liebe sein darf
unter Menschen
und Friede da,
wo deine Kinder sind.
Der Friede soll beweisen,
dass du bist
und dass du liebst.

Morgenstunde

Himmlische Bläue,
all Morgen neue,
der ich mich freue!

Vielstimm'ge Lieder,
lustiger Brüder
locken mich wieder.

Ich such auch heute
gerne das Weite,
meide die Leute.

Nicht im Gewimmel
und im Getümmel
such ich den Himmel.

Im weiten Runde
mit meinem Munde
lob' ich die Stunde.

Soll ihn nicht loben,
wer so erhoben
zu ihm dort droben?

Jesu Geburt

Jesus war Mensch,
von Gott der Welt ausgeliefert.
Er lieferte sich Gott aus,
wandte sich den Menschen zu,
heilte Kranke,
vergab Sünden,
vertrieb Krämer aus dem Tempel,
erweckte Tote
und kündete von einem besseren Reich.
Er faszinierte durch Entschiedenheit
und Sprachkraft –
bis heute
folgen ihm die, die seinen Namen tragen
wie ein Kreuz, sein Kreuz
als einen Orden
sans le mérite
und ohne Stolz,
nur mit Demut,
dem Mut zum Dienen.
So lebt er weiter:
Vorbild und Vorwurf zugleich:
So solltest du sein und
so kannst du nie werden:
für den anderen da sein wie für dich,
mit anderen feiern
und leiden,
selbst sein ohne Selbstsucht,
frei sprechen,
die Wahrheit suchen und sagen,
nichts fürchten, aber alles hoffen,
in jedem das Gute suchen
und sein Herz treffen.

Und auch am Rande des Abgrunds
wissen, dass auch der einen Grund hat
und dass niemand tiefer fallen kann
als in Gottes Hand.
Dann kann es sein,
dass Weihnachten,
Ostern und Pfingsten
auf einen Tag fallen.

Der barmherzige Samariter

Es fragt den Herrn ein Schriftgelehrter:
Wer wird denn wohl mein Nächster sein?
Was will er wissen, was begehrt er?
Wie geht wohl Jesus darauf ein?

Es war ein Mensch, der sorglos wandelt
– Jerusalem verließ er froh –,
von Räubern ward er schwer misshandelt.
Er kam nicht mehr nach Jericho.

Sie raubten ihm sein Kleid,
sie schlugen ihn halbtot.
Unsäglich war sein Leid,
er einsam und in Not.

Ein Priester kam von ferne
und hörte seinen Schrei;
Der blickte in die Sterne
und ging an ihm vorbei.

Der nächste, der dann eilte,
wollt' nicht sein Nächster sein:
Auch der Levit verweilte
nicht bei des Armen Pein.

Noch Stunden lag und litt er
die Einsamkeit, den Schmerz.
Da kam der Samariter
und fasste sich ein Herz.

Er sah des Nackten Wunden,
er goss drein Öl und Wein;
gekleidet und verbunden,
lud er als Gast ihn ein.

Dem Wirt für seine Pflege
gab er im voraus Geld.
Dann zog er seiner Wege;
Die Bibel nur erzählt

bis heute von den beiden,
die – einander unbekannt –
das gern geteilte Leiden
zu Nächsten nun verband.

Mein kleines Menschenleben

Wie an dem Tag, der mich der Welt verliehen –
geliehen, das ist wahr, noch nicht geschenkt –
bin alsobald ich fort und fort gediehen,
solange liebend meine Mutter an mich denkt.

Ich bin ein Dichter später oder Komponist:
Wer weiß das schon, ich kann es nicht beweisen.
Falls irgendwann mein Dasein lästig ist,
kann auch der Kühnste keine Zukunft mir verheißen.

Ich soll kein Mensch sein, nur ein winzger Keim
von Leben, das ich gar nicht lebe,
ein Haufen Zellen, die von schwachem Leim
verbunden werden, nur ein Stück Gewebe?

Ich werde nicht erst Mensch: Ich bin!
Wenn auch noch ungeboren und bedroht.
Mein Leben hat für mich schon einen Sinn:
Ich hoffe auf das Licht der Welt, nicht auf den Tod!

Ich möchte meine Eltern glücklich machen,
selbst wenn sie heute zweifeln, was wohl wird:
Es fehlt an Raum, an Wäsche und an tausend Sachen,
die man sich wünscht, wenn man ein Kind gebiert.

Den Lilien auf dem Felde gleich, die selbst nicht säen,
und Gott der Herr ernährt sie doch zu jeder Zeit,
hat er mich selbst zum Leben ausersehen
auf Zeit nicht nur, nein: für die Ewigkeit.

Du mütterlicher Vater mein: Ich bin Dein Kind fürs Leben –
fürs Leben, das täglich Du mir gibst und auch erhältst.
Ich will Dir Freude sein, will Dank Dir geben
dafür, dass Du mich zu den Deinen zählst.

Ein neues Jahr

Wieder zieht das Leben
einen neuen Kreis,
und ich weiß,
vieles wird's dir geben.

Wie es immer gibt im
reichen Übermaß,
jedoch was
dir sei: es beliebt ihm,

Kleines dir zu schenken,
eine Blume wohl,
Freuens voll,
in dein Herz zu senken.

Die – ein Lächeln Gottes –
um und in dir lebt,
mit dir strebt,
aus dem Turm des Todes,

den sie Städte nennen,
hin zum jungen Gott,
einem Gott,
den wir nicht mehr kennen.

Oder zu beglücken
eilt ein Sonnenstrahl
in das Tal,
wo sie Flüche schicken

hin zum hellen Himmel;
denn das große Licht
wohnet nicht
unten im Gewimmel.

Alles, was dir werde:
bald ist's Himmelsstrahl,
nächstes Mal
Blume aus der Erde!

Gründonnerstag

Warum liegt auf dem Frühlingstag der Schatten
des Tags, an dem die Knechte weiland
im Garten betend ihn gefunden hatten,
den Judas küsste, unsern Heiland?

Der sich nicht wehrte, der als Opferlamm
mit ihnen ging, die ihn verhöhnten
und die ihn führten zu dem Kreuzesstamm,
an dem sich Gott und Welt versöhnten.

Dies ist die Sonne, die für alle Zeiten
den Schatten wegnimmt, der uns dunkelt,
und die den Menschen in den Weltenweiten
als Lebenslicht zur Hoffnung funkelt.

Nicht Trauer oder schlimme Schicksalsklage
soll ob des Opfers uns beschweren.
Nein, Frühlingsjubel soll an diesem Tage
der Himmel von der Erde hören.

Der Heiland litt wie wir, er überwand,
will alle Kreatur befrein,
in jedem Frühling zeigt sich Gottes Hand,
dass wir uns auch des Sieges freun.

Karfreitag

Karfreitag ist,
aber der Kuckuck ruft,
aber die Cistrose blüht,
Hähne krähn,
Hunde bellen,
sogar ein Pfau schluchzt
in die endlose Stille.
Karfreitag ist,
aber die Bäuerin
schützt mit dem Strohhut
sich vor der sengenden Sonne;
sie sammelt die ersten Früchte,
Blüten duften –
Sind es Lilien oder Reseden? –
Aber Karfreitag ist,
gottverlassen schlummert
das Leben, aber es drängt
nach oben, nach vorn,
wälzt jeden Stein, verscheucht
jeden Winter, überwindet
den Tod, beendet die Trauer
ein grausilberner Käfer,
der sich uns zeigt
und fortfliegt ins Leben.

Karfreitag sonnig

Weiße Säulen,
Sonnenreflexe im See
hoch oben gekreuzigt,
aufgefangen
in meinem Blick,
verlieren den Schein.

Karfreitag sonnig
und die Pracht der Terrasse,
im tastenden Frühling
Lässt Schlafendes auferstehen;
Ferne und Nähe so eins.
Licht und Vergehen –
die Auferstehung nicht fern.

Ostern

Welch ein dreifach Auferstehn,
das zu Ostern ist geschehn –
das, zu dem der Glaube ruft:
Christus fuhr aus seiner Gruft.

Dann was ich vor Augen sehe
in der allernächsten Nähe:
Aus der Erde treibt das Grün,
schönste Frühlingsblumen blühn.

Schließlich dass ich in mir fühle
nach der winterlichen Kühle
neues Leben, frohes Hoffen,
alle Sinne werden offen:

Dank dem Himmel, der uns heut'
alles schenkt, was uns erfreut,
der dem Glauben, Schauen, Fühlen
lässt die Gnade sich enthüllen,

die uns einst wird ganz umfangen,
wenn wir durch das Tor gegangen,
das bis heut' uns war verhängt:
Ostern hat es aufgesprengt!

Mein Psalm

Mein Psalm ist mein Atem,
der Blick zum Himmel mein Dankgebet.
Ich tausche die Nacht in den Tag
um die rote Münze der Morgensonne,
verlasse das Lager, strecke mich,
schaue den Himmel, der
aus dem Grau blaut.
Ich atme auf: Der Tag beginnt früh,
er wird schön trotz allem.
Das ist mein Psalm,
nicht zur Harfe,
nur ein wenig mit Zittern
gesungen, gesprochen,
oder auch nur gedacht, gefühlt,
zumindest geatmet,
Dir, Gott.

Magnolie

Heut' erblüht auf grüner Folie
weiten Rasens die Magnolie,
schöne Königin des Südens
zarte Künderin des Friedens.

Ein Kelch zündet voller Wonne
nach dem anderen in der Sonne,
bis sich zwischen weiten Zweigen
hunderte so prächtig zeigen

als des Frühlings wahre Krone
auf dem bunten Wiesenthrone –
Weiß und Rosa zart geflammt,
das von blassen Wangen stammt.

Jungfernrein leuchtet sie weit,
lindert unsern Erdenstreit.
Ach, in diesem Blumenbaum
ist der Friede nicht mehr Traum.

Friedenstauben

Sie gurren auch diesen Frühling ein,
sie steigen steil auf und stürzen vor Glück,
sie paaren sich, bauen Nester zu Zwein,
und ziehn sich zum Brüten zurück.

Was brüten sie aus? Den Frieden vielleicht,
dessen Boten die Tauben sind?
Doch alles, was sie schließlich erreicht,
sind zwei Junge – hilflos und blind.

Sie fliegen zum Nest, sie fliegen hinaus
und bringen das Futter heim.
Sie arbeiten fleißig, bestellen ihr Haus.
Ich mache darauf mir den Reim:

Der Friede beginnt im eigenen Nest,
in Liebe und Sorge um Brot.
Der Friede, der leben und wachsen lässt,
besiegt Schwäche, Blindheit und Not.

Friedenslied

Wenn unsre Waffen
keinen Frieden schaffen,
wenn unsere Werke
nicht die Kraft und Stärke
haben, die wir wollten,
dass sie haben sollten,
lassen wir am Ende
sinken unsre Hände.
Nicht um zu gestalten,
sondern sie zu falten,
heben wir sie wieder,
knien vor Dir nieder:
Unser Herz ist offen,
eines nur zu hoffen,
uns zu verwandeln,
und erneut zu handeln,
dass auf dieser Erde
endlich Frieden werde.
Ihn zu unterbauen,
brauchen wir Vertrauen.
In unseren Sinnen
müssen wir beginnen,
auch die zu achten,
die uns Ärger machten,
ja, die zu lieben,
die nach uns hieben,
auf die zuzugehen,
die uns sonst nur schmähen,
auf unsre Feinde
wie auf unsre Freunde,
so dass schon heute
möglichst viele Leute
erkennen sich wieder
als Schwestern und Brüder,
die sich nicht nur gönnen,

dass sie leben können,
die sich auch geben,
was man braucht zum Leben.
Ohne Unterschiede
mitgeteilter Friede
gibt auch den Armen
mehr als Erbarmen,
lässt auch der Schwachen
Hoffnung neu erwachen,
gibt die gleichen Rechte
an scheinbar Schlechte.
Wenn zu diesen Schritten
führt unser Bitten,
können wir den Willen
Gottes auch erfüllen,
und es wird sein Frieden
uns schon bald beschieden.
All unsere Waffen
könnten ihn nicht schaffen.

Über politische Karawanen

Über politische Karawanen
mit den Kamelen Europas,
den asiatischen Eseln,
den Dromedaren Afrikas
und Amerikas Elefanten
fällt Schnee.
Die Karawane zieht weiter,
die Geschichte nimmt ihren Fortgang.
Embargos und Resolutionen,
Abkommen und Rüstungsverhandlungen,
und über alles fällt Schnee,
auf sterbende Tannen
und keimende Raketen –
die Friedensverträge von morgen:
der Schnee von gestern.
Die Spuren der Karawane verwehen;
der Schnee bleibt,
fällt über alles;
die Welt stirbt den friedlichsten Kältetod,
der denkbar ist,
ganz unvereinbart.

Hymne der deutschen Einheit

Wir sind ein Volk, Volk der Deutschen,
endlich frei und froh vereint.
Fort sind Zäune, Mauern, Peitschen,
alle Tränen, die geweint.
Frei und gleich als Schwestern, Brüder
wagen wir die neue Zeit,
neu begegnen wir uns wieder,
finden uns von nah und weit.

Wir sind ein Volk, und wir streben
nach dem Frieden für die Welt.
Einig woll'n und frei wir leben,
wie es Gott dem Herrn gefällt.
Über alte Gräber, Grenzen,
die uns trennten lang zuvor,
wird ein neues Glück uns glänzen
rings ums Brandenburger Tor!

Wir sind ein Volk, und wir wohnen
unter Nachbarn gut und gern.
In Europas Nationen
bilden Mitte wir und Kern.
Einig in Europas Hause
öffnen wir die Tore weit,
und nach langer Leidenspause
werde endlich Friedenszeit.

Mainau

Mitten im Narzissenrausch
steht heut goldgekrönt der Seher,
ist der Frühlingserde näher,
nimmt die Gottheit nicht zum Tausch.

Kündet Magma, zündet Feuer,
wirft die Fackel hoch vom Turm,
sieht von ferne Flammensturm
als ein Lynkeus, ein getreuer.

Nie mehr darf die Fackel zünden,
nie mehr Stahlgewitter ziehn
über diese Erde hin,
davon soll der Sänger künden.

Denn es folgt auf die Heroen
nicht erneut Titanenzeit,
allenfalls im Hahnenstreit
soll die Kampfeslust verlohen.

Auf zum Wettkampf edler Sänger,
Laudatores ohne Zahl,
Jünger mit dem Ehrenmal,
allen sei das Leben länger!

Und wenn dann im Grafenschloss
auf der Mainau voller Orden
alle sind versammelt worden,
grüne noch der jüngste Spross!

Der Seher und der Sänger

Auf den Klippen, weinbewachsen,
Nicht aus Marmor, nur aus brüch'gem Kalk,
Stand der Seher, kleingewachsen,
Ernst der große Kopf, dahinter Schalk,

Wagte düstere Visionen,
Dunklen Wein in seiner linken Hand,
Malt die Rechte Impressionen
Mit den Fingern in den heißen Sand,

Hebt den Blick, späht in die Ferne,
Sieht auf Urzeit wie auf Utopie,
Schaut den Abgrund, sieht die Sterne:
Was sich nicht begeben, das veraltet nie.

Neben ihm der Sänger weinte,
Legt' die Leier aus der müden Hand,
Die der Jünger Stimmen einte,
Als der Frieden nicht im Schatten stand.

An das Werk sie beide lieber gingen,
Einer nordwärts, einer an den See,
Geht des Sängers Herz in Überlingen
Auf wie Lerchenschlag; das Haupt deckt Schnee.

Lerchen schlagen nur im Frühling,
Weise Raben aber werden alt.
Ewig Jünger, wer zum Meister nie ging:
Er bestimmt die bleibende Gestalt.

Ob Nietzsche lacht?

Warum soll Nietzsche weinen?
Er hat doch als letzte Wahrheit
erkannt, dass Gott tot ist.
Davon lebt er noch heute.
Und mit ihm Tausende Atheisten,
einst auch Nazis, Modernisten, Monisten
und was sonst kreucht und fleucht –
doch plötzlich auf der Flucht
vor der Wahrheit
steht Gott vor uns auf,
steht uns im Weg,
geht uns voraus.
Dass Gott tot ist, war nur
die vorletzte Wahrheit.
ob Nietzsche jetzt lacht?

Für HAP Grieshaber

Das Land ist ärmer ohne dich,
der du so plötzlich gingst.
Ich wundere trauernd mich,
wie du das Holz bezwingst

und nicht den Tod. Dich packt die Zeit,
die nichts gelernt
und deren Streit
nicht reinigt, nur entfernt.

In großem Bogen fuhr dein Strich
vom Mittelalter in die Gegenwart,
von Ost nach West, durch mich.
Und wie er Zart- und Grobheit paart,

war göttlich fast, war fein.
Du warst ein Beispiel, ein Prophet,
und mir fällt ein,
der Mann, der aus dem Bauch des Fisches geht,
der Ninive gewarnt – auch dein Gesicht
bleibt wie ein Zeichen stehn.
Wer konnte nicht
darin schon alle Tode leuchten sehn.

Der Hindenburg, der Hindenburg ...

Der Hindenburg, der Hindenburg,
der musst' durch alle Sünden durch,
die man ihm angedichtet:
Das hat ihn fast vernichtet.

Bei Tannenberg, bei Tannenberg,
da schlug er Russlands Mannen z'werg.
Ein Denkmal ihm zu Ehren,
kann heut noch Furcht uns lehren.

Als Feldmarschall, als Feldmarschall
befördert man ihn ins Walhall
der großen deutschen Helden:
Dort hat er viel zu melden.

Der Weltkriegsschluss, der Weltkriegsschluss,
der war für ihn ein Hauptverdruss,
denn nun war er verloren –
blieb dennoch ungeschoren.

Als Präsident, als Präsident
das Volk, nach Ebert, ihn ernennt.
Selbst Sozialdemokraten
ihn schließlich wählen taten.

Die Reichskanzlei, die Reichskanzlei,
die wurde grade wieder frei.
Da ward er zum Vermittler
für einen namens Hitler.

Der Hindenburg, der Hindenburg,
der ging durch alle Sünden durch:
Die hätt' er angerichtet.
Das hat ihn dann vernichtet.

Andreas I

Heute wirst Du fünfundzwanzig,
und Du wirst es in Berlin.
Einst wie einer, der verrannt sich,
plantest Du dort hinzuziehn.

Lebst in einer Mietskaserne
mitten in Charlottenburg.
Deine Mutter wüsch' Dir gerne
einmal die Klamotten durch.

Doch Du ruhst auf der Matratze
schon von Deinem Leben aus.
Mit Christine, Deinem Schatze,
teilst Du Dein Quartier im Haus.

Kann kein Studium Dich denn reizen,
keine Arbeit Dich erfreun?
Muss ich mit dem Gelde geizen,
müssen wir uns ganz entzwein?

Willst Du eines Tags mit fünfzig,
wenn nach doppelt soviel Zeit
Du vielleicht einst wirst vernünftig,
sagen: „Ich war nicht gescheit,

denn ich hab die schönsten Jahre
meines Lebens blind versäumt,
weil ich um das Glück, das wahre,
mich nur faul herumgeträumt.

Nur der besseren Gesellschaft
und der idealen Welt,
die mein Tun mir ganz verstellt hat,
hab ich geistig nachgestellt.

Hab mit Whisky, Marx und Hegel
geistige Besoffenheit
hochgebracht auf einen Pegel,
den ich mit Betroffenheit

selber später registrierte,
als ich wieder bei Verstand,
mich deswegen auch genierte,
wenn ich mich dazu bekannt."

Fühlst du endlich dich dann nüchtern
und du willst es gerne sein,
bist du auch nicht mehr so schüchtern
und die meiste Zeit allein.

Nimmst dich so, wie du gebaut bist,
Stärken, Schwächen – einerlei,
baust auf Glück, das nicht geklaut ist,
dann erst bist du wirklich frei.

Andreas II

Dreißig Jahre in die Welt
hat dein Schicksal dich gestellt.
Deinerseits hast du dagegen
deine meiste Zeit verlegen.

Jetzt ist Zeit, frisch aufzustehen
und auf ein Ziel zuzugehen,
das auf jeden Menschen wartet,
der mit Hoffnung dahin startet:

Sei es Neigung oder Pflicht –
ohne Ziele geht es nicht.
Ob Familie, Arbeit, Kunst
schenkte dir der Götter Gunst,

ob von einem zu dem andern
dir verheißen ist zu wandern,
oder ob du bleibst dabei,
was begannst du, brav und treu:

Wachse auf mit deinen Zwecken,
bleib im alten Dreck nicht stecken!
Noch ist Zeit, es zu beenden
und sich Neuem zuzuwenden.

Noch ist das Jahrzehnt dir offen,
von dem wir am meisten hoffen.
Mancher Große – dieses weiß ich –
war noch unbekannt mit dreißig.

Doch wer achtlos noch bis vierzig
Zeit zu haben glaubt, der irrt sich:
Wer des Lebens Schule schwänzt,
wird am Ende nicht bekränzt

mit der Krone allen Lebens.
Was zu spät kommt, ist vergebens.
Sollten heute deine Gaben
sich nicht schon entwickelt haben,

sicher darauf zu vertrauen,
Großes darauf aufzubauen?
Wann gewinnt dein Geist Gestalt,
du damit den Unterhalt?

Jemand, der zu lange müßig,
wird am Ende überflüssig,
und wer lebt auf andrer Kosten,
dessen Glieder ewig rosten.

Welches Glied du rührst auch immer:
gib ihm neuen Glanzes Schimmer,
schöpferisch dich zu betät'gen –
sei's mit Werken, sei's bei Mädchen –

um im Lebensbuch zu bleiben
zier dich nicht hineinzuschreiben!
Wer erst angefangen hat,
der füllt schließlich Blatt für Blatt:

Manches mag man gar nicht missen,
manches wird herausgerissen.
Und am Ende wird man sehn,
was davon wird wohl bestehn.

Selbstbespiegeln, Seufzen, Sorgen
überlass getrost dem Morgen!
Schaffe mutig deine Werke.
Auf mein Wort: Du hast die Stärke.

Schrift in Stein

In dem Silberduft des Wassers
breitet sich die Promenade.
Von Arkade zu Arkade
fährt die Handschrift des Verfassers.

Poesie, in Stein gehauen,
klingt aus jeder der Fassaden,
die aus einem winz'gen Laden
sich vermocht' ein Schloss zu bauen.

Vor dem Café bunter Stühle
wechseln häufig die Benützer
wie auch Häuser die Besitzer,
doch es bleiben die Gefühle:

Hier ist eine Welt für Dichter,
Stifter alles Bleibenden
sind allein die Schreibenden,
innrer Bauwerke Errichter.

Und die Schönheit solcher Stätte,
die bis heute uns geblieben,
weil sie in den Stein geschrieben,
klingt im Maße der Sonette.

Lachsforelle

Die rosige Forelle,
die ich im Hecht bestelle,
von ihm mit einem Kloße
und zarter roter Soße
garniert und übergossen:
So werde sie genossen!
Ich träufle die Zitrone
zum Eingang meiner Wonne
aufs Lachsfilet hernieder,
und ich beschau es wieder.
Die Augen macht es selig,
das Herz wird mir so fröhlich:
Ich führ es mir zum Mund
bis auf es Tellers Grund.
Dann wisch ich mir die Lippen,
tu an dem Glase nippen
vom Württemberger Wein –
was könnte schöner sein!
Das Nippen werd' verstohlen
ich mehrmals wiederholen,
wank schließlich aus dem Hause
in meine stille Klause:
Was hab ich gut gespeist
beim Wirt, der Surdmann heißt!

Der Gast

Wenn das Leben länglich wird,
wenn dich nichts mehr delektiert
und du fast nur Sorgen hast,
kündigt er sich an: der Gast.

Spielgefährte junger Tage
– fern schon fast wie eine Sage –
stand er einstens nahe dir:
Montag kommt er, um halb vier.
.
Plötzlich ohne alle Frage,
wird zur Wohltat dir die Plage,
die du alle Tage hast,
weil du's gern tust: für den Gast.

Auf, es gilt die Zeit zu nutzen:
fegen, wischen, Fenster putzen;
Mähst noch rasch vorm Haus den Rasen,
schneidest Blumen für die Vasen.

Richtest ihm dein eignes Zimmer,
es erglänzt in neuem Schimmer,
machst dich frisch, legst die Frisur,
schließlich ist es schon drei Uhr.

Alles wird dir selber fremd. –
Sind die Kinder auch gekämmt,
die Gardinen aufgesteckt,
zum Kaffee der Tisch gedeckt?

Dann kannst du zum Bahnhof gehen,
nochmal auf den Fahrplan sehen!
Wenig später, um halb vier,
ist der Zug tatsächlich hier:

Leute gehn an dir vorbei,
doch der Gast ist nicht dabei.
Wie die meiste Zeit des Lebens,
wartest du auch hier vergebens.

Als du dann zuhause bist,
noch mal seine Zeilen liest,
steht dort ohne alle Fragen:
Er kommt heute in acht Tagen!

Statt enttäuscht nun loszuflennen,
solltest freudig du erkennen:
auch ein Gast, der nicht dabei,
macht den Alltag wieder neu.

Und der Hausputz geht im Fluge,
läufst du anschließend zum Zuge,
um nach einem Gast zu fragen,
der stets kommt erst – in acht Tagen.

Der Hecht

Gierig wie der Hecht der Beute
stellt der Fischer nach dem Hecht.
Ob dem wilden Räuber heute
ist aus Blech der Blinker recht?

Hoffnungsvolle Würfe zielen
über Seerosen hinaus,
wo Libellen sirrend spielen;
unten hat der Hecht sein Haus.

Hungrig drohend schiebt sein grüner,
schlanker Leib sich vor.
Zischend flüchten Wasserhühner,
schnattern Enten fort im Chor.

Silbern klopft der Löffel wieder,
windet torkelnd sich und lockt
vor der Krautbank auf und nieder,
bis die Leine ruckend stockt.

Peitschend teilt ein Schwanz das Wasser,
krümmt sich silberstark der Fisch,
zieht nach unten, schimmert blasser,
schießt zum Ufer, zum Gebüsch.

Knarrend gibt die Rolle Leine,
biegt die Rute sich im Zug,
angstvoll sucht der Hecht jetzt seine
Rettung in gestrecktem Flug,

gibt sich preis in seiner Blöße,
schießt voran, klatscht dennoch ein:
Wird ein Hecht in solcher Größe
überhaupt zu fangen sein?

Viele Fluchten auf und nieder
hält die Angel federnd aus,
doch der Hecht wird müd' und müder,
und den Fischer freut der Schmaus.

Links den Käscher, rechts die Rute,
landet er ihn waidgerecht,
diesen Räuber, der wohl gute
zwölf Pfund auf dem Buckel trägt.

Am Boden

Ein Eichhorn purzelt aus dem Baum,
es schaut verwundert, wie im Traum,
denn in den obersten der Äste
war seine Basis nicht die beste.

Es setzt – verwundert von dem Ort –
die Reise nun am Boden fort,
hat ferner nicht sehr viel zu lachen,
kann keine großen Sprünge machen.

Bescheiden senkt es seinen Schwanz,
obwohl die Wirbelsäule ganz,
und schleicht voran fast sammetpfötig,
die Rute ist dazu nicht nötig.

Das eine Bein will nicht mehr gehn,
auf dreien wird man weitersehn!
Doch quälend wird der Zwischenraum
von einem bis zum andern Baum.

Wie lief es ehedem so munter
die Zweige aufwärts und hinunter!
Wie sprang behend es in den Wipfeln
laufbahngerecht zu höchsten Gipfeln!

Nun liegt am Boden die Karriere.
Wenn es doch wieder oben wäre!
Doch eben dies gilt's zu vermeiden –
so schickt es sich und lebt bescheiden.

Die Hände frei – ans Handy gebunden

Ach, was sind wir fortgeschritten!
Als Depeschen noch beritten
kamen und die Post durch Boten
sandte Nachrichten und Noten
war – vor allem, wenn man ländlich –
Telefon nicht selbstverständlich.
Seit es da ist, hat man's leicht.
Jedermann ist schnell erreicht,
denn es hängt an dieser Leine
jeder Große, jeder Kleine.
Jeder ist wohl heut auf Draht,
jeder hat den Apparat.
Dieses kann nicht jeder leiden,
man sucht sich zu unterscheiden,
doch wie fängt man's an nur bloß?
Jetzt kommt das Gerät, das schnurlos.
Nun kann man im Garten wandeln,
mit der Nachbarin anbandeln;
manche sprechen wohl – ich wette –
gar noch auf der Toilette. –
Geht man einen Schritt zu weit:
stellt sich ein das alte Leid,
die Verbindung ist gerissen
und man eilt ins Haus beflissen.
Wenn die Batterie wird leer,
muss der Akkulader her,
und es dauert seine Zeit,
bis es blinkt, piepst oder schreit.
Hat man vor dem Haus gesessen
und das Telefon vergessen:
Bis man's piepsen hört und geht,
ist es wiederum zu spät.
Schnurlos ist noch nicht der Gipfel,
man hängt immer noch am Zipfel. –

Da wird schließlich unverzichtbar,
ein Gerät, das allen sichtbar:
HANDY heißt der große Renner
für den Es-Sich-Leisten-Könner!
Jetzt kann man das Haus verlassen,
kann in Nachtlokalen prassen,
auch nach Kräften damit prahlen,
muss zwar etwas mehr bezahlen.
Doch das ist der Spaß wohl wert:
Man wird überall gehört!
In Bereitschaft fünfzig Stunden
ist man mit der Welt verbunden.
Sprechen kann man meist nur zwei,
immerhin ist man dabei,
wo die Wichtigsten verweilen,
um die Wichtigkeit zu teilen.
Doch auch dies Vergnügen endet,
wenn der Akku Notruf sendet.
Auch beult ein Handy auf die Dauer
den Anzug aus, die Frau wird sauer.
Am sichersten der Spaß entweicht,
wenn uns kein Anruf da erreicht,
wo wir das Handy bei uns führen,
um damit echt zu imponieren.
Drum soll man einen Freund stets bitten,
dass er uns zwei-, auch dreimal mitten
in Konferenz oder auch Dinner
uns fühlen lasse als Gewinner.
Denn das will jeder sein mit Handy,
doch leider woll'n es nur beendi-
gen auch alle andern,
die rasch zum gleichen Ziele wandern.
So piepst es bald aus allen Ecken,
man muss sich heute schon verstecken,
um nicht zu hören einen Ton
von irgendeinem Telefon.
Viel ändert sich – feststeht das eine:

Wir bleiben endlos an der Leine,
weil nicht erfüllbar ist das Ziel
und der Mensch immer beides will:
Er möchte bleiben ungestört,
doch keinesfalls auch ungehört.
Und kein Geheimnis mehr verrat' ich:
Der Mensch – ob schnurlos oder drahtig –
bleibt angebunden an sein Schicksal
und sieht es auch noch an als Glücksfall!

Der Gallenstein

In der Osternacht
bin ich aufgewacht
mit großer Pein,
dass ich könnt' schrein.
Fast hätt' ich vergessen,
dass vom Eieressen
der Schmerz könnt sein.
Ist's ein Gallenstein?
Ich hielt's nicht mehr aus,
kam ins Krankenhaus.
Dort gedreht und gewendet,
von Strahlen durchsendet,
behorcht und beklopft,
gezapft und getopft,
hat man ihn entdeckt,
hinter Rippen versteckt.
Groß wie eine Nuss,
und es hieß, dass er muss,
sobald es geht, raus
noch im Krankenhaus.
Ich war nicht begeistert.
Drum hab ich's gemeistert,
doch nicht wie gedacht:
Hab davon mich gemacht
und den Stein mir zum Freund –
und bis heute scheint
er es auch geblieben.
Wir müssen uns lieben
und gut behandeln,
sonst wird alles sich wandeln:
Wenn wir uns hassen,
muss er mich verlassen;
denn würd' er mich quälen,
würd' er auch nicht fehlen.
So habe ich Grund,

zu leben gesund,
nichts Fettes zu essen
und nie zu vergessen
den Leibwächter mein:
meinen Gallenstein!

Seufzer eines Briefkastenonkels

Große Busen, lange Ohren.
Kleinwuchs, Unterwürfigkeit,
Eltern alt, zu früh geboren,
jede Hilfsbedürftigkeit,

ob von anderen verschuldet
oder selbst herbeigeführt
und nun lang genug erduldet,
wird aufs Briefpapier diktiert.

Groß ist unser Kummerkasten,
größer noch sei unser Herz!
Auf ihm häufen sich die Lasten
tausendfach von Seelenschmerz:

Liebe, ob mit dreizehn Jahren
möglich und erfüllbar sei,
ob der Frau, die abgefahren,
bleibe man am besten treu,

wie man den Tyrannen zügelt,
und vom Alkohol befreit,
der im Suff die Kinder prügelt
und auch nüchtern nur noch schreit,

ob mit beinah achtundsiebzig,
längst verwitwet, kaum ergraut,
mit dem rüstgen Nachbarn liebt sich,
das, obwohl das Städtchen schaut,

wann die Tochter Ausgang habe,
wieviel Taschengeld der Sohn,
wie hoch die Geburtstagsgabe
und für Hausarbeit der Lohn ...

Meistens sind die Schreiber Frauen
– von den Mädchen abgesehen –,
denen – außer viel Vertrauen –
Worte zu Gebote stehen.

Ging es danach, wär zu leiden
Sache nur der Weiblichkeit –
sie, das wahre Kreuz der Männer,
grenzt an Unbeschreiblichkeit.

Zuspruch

Nicht jedes Gerede
ist ein Gerücht,
und was eine jede
Klatschtante spricht,
betrachte als Fehde
und Angriff nicht!

Nörgelminna

Noch ist man nicht richtig wach,
gibt's den ersten schon aufs Dach:
Wie hast du dich denn gekämmt,
und wie kommt der Fleck aufs Hemd?
Pass doch auf! die Kaffeetasse!
Und wie ich das wieder hasse,
wenn du wie bei deiner Mutter
mit dem Messer erst die Butter,
dann die Marmelade streichst –
ob du mir den Zucker reichst?
Danke – aber sieh dich vor
mit dem Toast im Ofenrohr.
Es ist heiß, und du verbrennst dich.
Sag dirs nur, denn du erkennst nicht,
was da alles kann passieren –
darum muss ich dirigieren;
und das bitt' ich nebenbei:
Achte auf dein weiches Ei,
denn sonst tropft's auf die Krawatte,
was Ich wiederholt schon hatte.
Diese ist jetzt noch viel neuer,
und die Reinigung ist teuer.
Und so wird sie übers Kleckern
auch noch Stunden später meckern. –
Musst du wirklich so viel essen?
Hast dabei wohl ganz vergessen:
Butter hat viel Kalorien –
Kräutertee ist Medizin. –
Was sagt heute deine Waage?
Ach, es ist schon eine Plage,
wenn man selbst den eignen Mann
noch so schwer erziehen kann!
Darum, Weib, gib es doch auf –
schönste Lebenszeit geht drauf,
die man besser nutzen sollte!

War da nicht noch, was man wollte?
Statt zu eifern so zelotisch –,
leicht verwitterungserotisch,
doch in Liebe froh vereint,
wie vom Schöpfer wohl gemeint,
feiern unsre späten Tage:
So wird Wohltat selbst zur Plage!

Die sprachliche Gleichberechtigung

Einstmals war doch manches leichter,
und ein Dichter – selbst ein seichter –
meinte wohl die Welt zu kennen,
durfte Ross und Reiter nennen.
Damit ist ab heute Schluss,
weil er auch bedenken muss,
dass es ebenso beschreiblich,
wie das Gleiche gilt in ‚weiblich'.
Und es kommt ihm sehr zugute,
nennt er Reiterin und Stute.
Tät er's nicht, ja dann verlör' er
Hörerinnen und auch Hörer.
Und steht ihm das Fernsehn näher,
sind es Seherin und Seher.
So muss man jetzt auf allen Stufen,
in allen Ämtern und Berufen,
statt an die Männer nur zu denken,
den Blick auch auf die Frauen lenken:
Schreibt man doch leicht nur Präsident hin,
vergisst darob die Präsidentin.
Wenn ich in die Historie schau,
seh Staatsmann ich, doch auch Staatsfrau.
Und wer hier denkt an Sonntagsstaat,
noch immer nichts begriffen hat.
Denn eins ist sicher: Mann am Steuer
kommt für die Völker meistens teuer. –
Geklagt sei's Göttin oder Gotte,
dass Postbotin und auch Postbote
als Quotenmann und Quotenfrau
nicht deshalb schon exakt genau
die immer gleiche Leistung bringen.
Wer schreibt, kann sein Lied dazu singen:
Sucht man den Brief, wer hat verkramt ihn?
Beamter oder auch Beamtin.

Mit Kennerinnen- und Kennerblick
verfolgt man drauf vielleicht das Stück,
das Putzfrau oder nun auch Putzmann
wahrscheinlich in den Müll getan.
Der seinerseits, wo ist er hin?
Bei Müllmann oder Müllerin?
Schau'n wir doch nach der Tonne gleich
auf Bürgerinnen- und Bürgersteig!
Auch dort nicht? Dann ins Fundbüro!
Falls es sich findet irgendwo,
entrichten wir gleich heute schon
den Finderinnen- und Finderlohn.
Dann heimwärts geht's durch den Verkehr
als Radfahrerin und Radfahrer,
als -gängerin und Fußgänger,
nur dauert dieses etwas länger.
Vielleicht macht man dazwischen Rast,
übt sich als Gästin oder Gast
in einem guten Restaurant
mit Elegance als Elegant.
Egal, ob Köchin oder Koch
hier für uns sorgen, da ja doch
Besteller und Bestellerin
zuerst schau'n auf den Teller hin:
Ob Steaks von Ochse oder Rind
gleich zart darauf zu finden sind,
ob Hähnchen- oder Hühnerbrust,
dies wird uns selten nur bewusst.
Ob Enterich oder ob Ente,
wenn man doch alles besser kennte!
Ob Städter oder Städterin,
Verräter, ob Verräterin,
Tierhalter, ob Tierhalterin,
Verwalter, ob Verwalterin,
ob Kläger oder Klägerin,
ob Neger oder Negerin,
ob Wassermann, ob Wasserfrau:

Wir wissen selten ganz genau,
worum im einzelnen sich's handelt,
weil beides schließlich eng verbandelt.
So können denn auch im Verein
wohl immer nur Mitglieder sein –
ob mit Glied oder ohne Glied
macht zwar den kleinen Unterschied,
doch der Begriff ist allemal
und Gottseidank geschlechtsneutral.
Wo kämen wir denn sonst auch hin,
vom Armleuchter zur Armleuchterin,
von der Hebamme zum Hebammer,
zur Hämmerin wohl noch vom Hammer
und wohin mit dem Scheibenwischer,
Zement- oder Getränkemischer?
Dem Fahrrad-, dem Garderobenständer,
dem Rechts-, Links-, Treu- und Untreuhänder?
Wir kommen langsam in Verwirrung
ob solcher Art Geschlechtsverirrung.
Wir alle – Dulderin, ob Dulder,
Mitschuldnerin, ob Mitverschulder,
ob mehr Betörte, ob Betörer,
ob als Gehörte oder Hörer:
ob als Linker, ob als Rechter –
den Gleichheitsgrundsatz der Geschlechter,
der im Prinzip nicht zu bestreiten –
hört auf, ihn vollends totzureiten!
Denn Dichter oder Dichterin,
geb' keiner Illusion sich hin:
Der Pegasus – das ist das Gute –
war doch wohl eher Hengst als Stute!
Und wäre sie, als seine Muse,
nicht allenfalls die Pegasuse?

Ithakische Tage

Hoffnung auf Heimkehr nicht – wie Odysseus –, Sehnsucht nach
    Ferne
schwellte die Segel uns fünf zusammengewürfelten Seglern.
Heute erreichten – von Korfu gekommen – wir Ithakas Küste.
Nicht Nausikaa dort, nicht Penelope hier
warteten auf die von Windstärke 6 erschöpften Bezwinger
Ionischen Meers, das uns aufnahm statt dessen mit luftigen
    Schwingen.

Herrlich rauscht sie voraus in Ithakas blauen Gewässern:
Rhea ist sie genannt, die Yacht, die uns sicher dahinträgt.
Trunken sind Auge und Geist von der Schönheit der Häfen und
    Berge.
Spuren des stillen Dulders Odysseus gingen wir nach, es
küsst uns die zärtliche Muse zur stillen Stunde des Pan.

Bärtig und würdig mit sicherer Hand führt er durch die Wogen.
Klaren Sinnes streift der Stift über die Karten des Meeres.
Kurse und Logge stimmen, auch wenn Poseidons Wogen
werfen dem schläfrigen Mann am Steuer das Ruder herum.
Peilungen kreuz und quer helfen zum sicheren Hafen.
Flechtet den Kranz von Lorbeer dem weisen Bezwinger des
    Meeres.
Rühmet sein treues Weib mit Abschiedstränen am Strande.

Atlas stemmt den Himmel und Gerhard den mächtigen Anker.
Abwasch im klaren Meere und Teller schwimmen wie Enten.
Lobet den Meister der Segel sowie des gemischten Salates.
Ruhe strahlt er aus und sicheres, zupackend Handeln.

Wetter ist wichtig an Bord, sortiere die Wellen des Äthers,
Wetterbericht alsdann vernimmt das lauschende Ohr.
Richtige Wellen du wähltest, das Wetter blieb sonnig und
    freundlich.
Caesar gleichest du, nur gebrach's ihm an Ruder und Segel.

Doch dass sicher die Fahrt, zu spät nicht die Ankunft,
sorget ein rauchender Kopf, ein Ingenium des Motors,
mit Werkzeug und Zunge gewandt gleichermaßen und flink auf
    den Beinen:
Jo ist's; sein Symbol die sich drehende Schraube, zugleich sein
    Ziel und Erfolg.
Ein Rhetor ist er und Dichter, versiert und verbindlich in Tonart
    und Sprachfluss.
Bärtig kehrte er heim – gleich Ulrich im Wettstreit der Dichter.

Weit in Okeanos' Strom, wo die Rosse Helios herführt,
siehe, da fährt er dahin auf Rheas sicherem Rücken,
behütet für Television und um Ehen besorgte Muttis.
Die rosenfingrige Eos küsst ihn frühmorgens am Hafen.
Ströme von Blut am Kai künden die Liebe der Göttin.
Nausikaas zärtliche Hand streichelt den sprossenden Flaum.
Grüßet den Meister der Töpfe, der kräftige Mahle bereitet,
sicherer Nase folgend führte er uns an Land zu
lauschigen, trefflich' Tavernen. Gestärkt tritt die Mannschaft
    heraus,
bereit zu neuen Taten in blauen Gefilden des Meeres.

Dank' dir, heiterer Poseidon, der Tag für Tag uns geleitet;
leite nun ferner uns gut, wenn die Umkehr gen Norden auch
    schwerfällt.

Der Untergang

Der Himmel blau, die Wiesen grün,
der See lag still, die Sonne schien:
Da ist es auch in höher'n Jahren
verlockend, mit dem Boot zu fahren.

Man lädt es voll, man steiget ein,
denn Proviant muss reichlich sein:
Ein Foto und zwei Angeln,
an Beute soll's nicht mangeln.

Sie lenkt das Boot hinaus auf See,
der Bug steigt freudig in die Höh',
drauf hockt der stolze Fischer –
der Wind wird immer frischer.

So geht es eine Weile,
schnurgerade auf der Zeile,
der Motor plötzlich tuckert
und schließlich still vergluckert.

So kommt das Boot zum Halten.
Sie denkt: Ich will den Alten
nicht so inkommodieren
und will es selbst probieren.

Sie stellt sich auf die Beine
und reißt die Starterleine,
wirft ein den Gang nach vorn',
gibt Vollgas noch vor Zorn:

Und aufheult wie ein Tiger
der Motor – wie ein Flieger
schießt nun das Boot von hinnen –
die Steuerfrau liegt drinnen.

Dem Engel gleich nach oben
ward sie emporgehoben,
statt aufwärts in die Höh'
flog rückwärts sie in See.

Das Boot auf seine Weise
rast ungelenkt im Kreise,
doch kurze Zeit nur trug
den Fischer es am Bug.

Der noch erstaunt der Mätzchen
rief hilflos nach ihr: ‚Schätzchen!'
Dann fing das Boot schon Wasser,
ihm ward von unten nasser.

So schnell er konnte schalten,
versucht er anzuhalten,
den Motor auszudrehen,
um endlich einzusehen:

Wie's Boot schon langsam sank;
und ehe er ortrank,
dacht' er: ‚Es ist das Beste,
ich suche mir die Weste,

die zum Erhalt des Lebens
im Boot ist' – doch vergebens!
So schwamm er voller Ruhe,
verlor dabei die Schuhe.

Die Lage war nicht munter,
das Boot ging langsam unter,
zum Ufer strebt der eine,
sie fasst noch nach der Leine,

umsonst ist das Bemühen,
das Boot an Land zu ziehen.
Schon kommen von drei Seiten
vier Boote, voll mit Leuten,

die gerne alles täten,
um unsre zwei zu retten.
So ward das Boot gehoben
und an das Land geschoben.

Erst da wird auch bewusst,
wie riesig der Verlust:
Er trauert um die Angel,
um Blinker und ein Zangel.

Sie ruft in ihrem Jammer: „Ah,
wo ist denn meine Kamera!"
Doch eins ist zuzugeben,
gerettet ist das Leben!

Die Helfer nun in Eile
machen den Motor heile,
wofür sie als Experten
erstaunlich sich bewährten.

So fuhr man etwas leichter,
doch an den Hosen feuchter,
wie Schwester eins und Bruder,
nur sitzt *er* jetzt am Ruder!

Mein Boot

Klein ist es, handlich,
fast schon genantlich,
aber es trägt mich schnelle
vor dem Wind, auf der Welle
ans Ziel.
Das ist viel.
Ich steige ein,
mache mich klein,
hisse das Segel,
grüße die Vögel,
werfe die Leine
und bin schon alleine
auf der weiten See
zwischen Luv und Lee.
Ich richte das Ruder.
Der Wind, mein Bruder,
die See, meine Braut
rauschen vertraut.
Ich sitz auf dem Bock,
und über die Fock' –
ich mache die Wende,
brauch beide Hände –
und dann geht's geschwind
bei steifendem Wind
und blähenden Segeln
vorbei an den Vögeln,
die über uns ziehn,
zum Ufer hin.
Noch ist es fern,
so hab ich es gern:
Am Bug die Wellen,
die Segel schwellen,
die Wimpel flattern,
die Wanten knattern,

Das Ruder knarrt
auf voller Fahrt.
Mast, Ruder und Segel – das ganze Boot –
ich fühl es mit Stolz – steht mir zu Gebot.
Und doch: Der Schiffer nur den Hafen gewinnt,
der es zwar steuert, doch gehorcht dem Wind.

Zentripetal – frei nach Rilke

Ich lebe mein Leben in kleineren Ringen,
die sich von außen zur Mitte ziehn.
Ich werde wohl in den Punkt nicht dringen,
aber setzen will ich ihn.

Aus den Tiefen

Und immer tauchen aus den Tiefen
die unbewussten Kräfte auf,
die, während jahrelang sie schliefen,
nun plötzlich stauen unsern Lauf.

Der ich nicht weiß, wie man sie sollte heißen,
nicht ihren Ursprung kenn, nicht ihre Macht:
Ich fühle sie an meiner Seele reißen
und ahne sie verschwinden mit der Nacht.

Und dennoch bin ich ihr, am Tage,
wie auch bei Nacht, selbst im Gebet,
das fast nichts andres ist als Plage.
Die Last auf meinem Herzen steht.

Die ewge Macht des Ungeteilten ist es,
das alle Welt von Anfang an durchzieht.
Den Fluch, das Glück, nur der ermisst es,
der bald zu Gott und bald zum Teufel flieht.

Meine Freude

Meine Freude wiegt
alles Leid der Welt
nicht auf. Aber wenn sie strahlt,
mag sie ein wenig zerschmelzen davon.
Ich glühe vor Dank.

Gedanken

Aphorismen

Achtung ist immer Gleichachtung – falls sie nicht mehr ist, nämlich Hochachtung, bleibt nur noch Verachtung übrig, denn eine rationierte Achtung ist nichts anderes als Verachtung. Dass Achtung immer Gleichachtung ist, lässt sich schon aus dem christlichen Liebesgebot begründen: Du sollst deinen Nächsten lieben wie dich selbst. Aus gutem Grund unterliegt es sozusagen dem Grundsatz der Reziprozität.

Der Sozialismus setzt den gutwilligen, leistungsfreudigen, gemeinsinnigen Menschen voraus – er schafft ihn nicht. Soweit er vom egoistischen, bequemen und kurzsichtigen Menschen ausgeht, wie er ist, wird er nur das Raffinement des Eigennutzes auf Kosten der Gemeinschaft fördern und dadurch – nur dadurch – Gesellschaft und Staat ruinieren. Als Idee ist er gut, aber sein Dilemma besteht darin, dass er voraussetzen muss, was er erst erreichen will. Die Katze beißt sich in den Schwanz.

Sie waren in lebenslanger Frontschaft verbunden.

Gemütlichkeit ist oft genug die weltzugewandte Seite der Verzweiflung oder: Verzweiflung gibt es auch gut möbliert. Dann heißt sie Gemütlichkeit oder: Verzweiflung wird oft erträglich gemacht und zugleich getarnt durch Gemütlichkeit. Oder Gemütlichkeit ist oft nichts als das Ornament der Verzweiflung.

Nur wer seiner sicher ist, kann sich in Frage stellen.

Wer anderen misstraut, traut sich im Grunde selber nicht.

Das Absolute und das Nichts sind beide gegen die Konvention. Wer für eine höhere Ordnung ist, muss die geltende ebenso sprengen wie der Anarchist. Der in der Konvention Verhaftete kann da nicht unterscheiden, fühlt alles Unkonventionelle als feindlich, kreuzigt Christus und den Schächer. So berühren sich auch hier die Extreme. Sie verstehen sich besser. Wie schrieb der Sponti vor die Gedächtniskirche in Berlin: Jesus war der erste Gammler.

Die Wahrheit, in Worte verpackt, ist länger haltbar, leichter transportierbar, aber schwerer wandelbar.

So weit muss man kommen: Ein kleiner Raum enthält mehr Leben als die ganze Welt zusammen. Sonst kann man hingehen, wo man will, und wird kein Leben finden.

Intra faeces et urinas nascimur, sagten die Alten. Im heutigen Deutsch müsste man wohl unverblümt sage: Zwischen Pisse und Scheiße werden wir gezeugt und geboren – kann man den Menschen anders erwarten, als er ist?

Manche sind so verlogen, dass es sie selbst erstaunt, wenn sie einmal bei der Wahrheit ertappt werden.

Der Wein ist sozusagen die Milch der klaren Denkungsart – nur: Milch und Wein lassen sich schlecht mischen.

Intensität beglückt mehr als Extensität.

Einer kann mehr sein als zwei oder drei.

Vorfreude und Nachsinnen vertiefen das Erleben.

Not macht erfinderisch,
Mangel aktiv,
Sparen bewusst,
Überfluss faul.

Wohlstand ist Übelstand.

Besser leben wollen bringt Unzufriedenheit – besser leben können Zufriedenheit.

Wer die Freiheit in sich verschweigt, hat keine, oder er ist sie nicht wert.

Wer nie Außergewöhnliches tut, wird nur Gewöhnliches erringen.

Es sind meistens nicht die wirklichen, sondern die Ruinen der Luftschlösser, unter denen ganze Völker begraben werde.

Frieden hast du erst, wenn dir Gott und die Menschen vergeben und wenn du in Gottes Namen den Menschen vergibst.

Jeder Schöpfer ist nur ein nach oben offenes Gefäß – das weiß jede Hausfrau.

Es gehört zu den schmerzlichen Resignationen dieses Daseins, dass die Freundschaft aller mit allen dem Himmel vorbehalten bleibt, und auch dort wird nur ein erstaunlich kleiner Prozentsatz von denen zu finden sein, mit denen zusammenzukommen man auch aus diesem Grund hier noch ausführlich Gelegenheit nehmen sollte.

Eine gute Freundschaft ist schwerer als eine gute Ehe, weil die Natur ihr kaum zu Hilfe kommt.

Wir sind gerade intelligent genug, um zu sehen, wie dumm wir sind; wir sind gerade gut genug, um zu fühlen, wie schlecht wir sind; wir sind gerade stark genug, um darunter zu leiden, wie schwach wir sind.

Das Körnchen Wahrheit, das in den Argumenten seiner Gegner steckt, zerrieb er in den Mühlen seiner Eloquenz.

Marxismus und Psychoanalyse sind die illegitimen Kinder der modernen Theologie, für die sie schon untragbar hohe Alimente gezahlt hat, so dass sie sich jetzt dem Gedanken nähert, sie zu adoptieren.

Umbenennung der Gefühle: Fürsorge könnte oft genug mit Bevormundung übersetzt werden. Liebe ist Einsamkeitsfurcht, Eifersucht mit Verlustangst, Ordnungssinn mit Schuldbewusstsein (das man durch das magische Ritual des Aufräumens wegzaubert). So lässt sich Zärtlichkeit verstehen als Schutzsuche, Stolz als Verletzungsangst und Tierliebe als Menschenverachtung.

Macht und Erfolg lassen uns oben fliegen, machen uns oberflächlich.

Gründlich wird, wer zu den Gründen dringt und auch die Abgründe nicht scheut.

‚Eine Hand wäscht die andere‘ müsste eigentlich heißen: Eine Hand beschmutzt die andere – oder auch wieder nicht, denn sie ist ja bereits schmutzig.

Wer viele Freunde hat, hat keine.

‚Friede nährt, Unfriede zehrt‘ – wer an Übergewicht leidet, sollte also Streit anfangen?

Der Glanz des Abendlichts lässt die Schatten länger, aber auch die Konturen deutlicher werden.

Wer immer nur aufgestiegen ist, sollte sich rechtzeitig mit dem fast totsicher zu erwartenden Abstieg, wenn nicht Absturz vertraut machen.

Man kann es nicht allen Leuten recht machen? Nein: Wer es vielen recht machen möchte, macht es keinem recht.

Vorsicht ist aus Weitsicht vorgezogene, weitgestreute Angst, die sich dadurch verdünnt und schließlich keine Angst mehr ist. Darum braucht der Vorsichtige nichts zu fürchten. Der Furchtsame wird immer wieder überrascht und in plötzliche Angst gestürzt.

Ist das Christentum die Quelle oder die Krücke der Menschlichkeit? Geht der Weg bergab von der Warmherzigkeit über die Barmherzigkeit zur Armherzigkeit?

Warum kann man Lebensweisheiten ungern in größeren Mengen lesen oder hören? Weil sie meistens die von anderen sind und wir selbst es nicht waren, die darauf kamen.

Es gibt Lebensweisheiten, die sich als Platitüden verkleiden und umgekehrt: Platitüden, die als Weisheiten daherstelzen.

Was man anderen am meisten übelnimmt, sind die eigenen Fehler. Wann man andere am häufigsten bekrittelt: Wenn man mit sich selbst am unzufriedensten ist.

Ein saftiges Grün, wie das, in das die Natur sich kleidet, kann man immer gut ertragen, kann stundenlang hineinschauen, ohne seiner satt und überdrüssig zu werden. Man stelle sich vor, die Natur wäre selbst ihres Kleides satt und würde sich Zinnoberrot überwerfen – wir würden es kaum überleben, jedenfalls nicht so selbstverständlich und friedlich, wie das Grün uns stimmt.

Das mit dem heute gepflanzten Apfelbäumchen, wenn morgen die Welt unterginge, ist eine schön erfundene Lutherlegende –, ist in sich paradox und gibt wenig Sinn und wird trotzdem immer aufs neue zitiert. Vielleicht ist eine derartige Paradoxie das einzige, was unserem Leben und was der Welt noch Sinn zu geben vermag. Verbindet sich damit doch die stille, wenn auch schwache Hoffnung, dass die Welt vielleicht doch morgen noch nicht untergeht.

Quintessenz aus dem Vorigen: Hypothesen haben Tatsachen schaffende Kraft. Hypothetisch geschaffene Tatsachen können vielleicht auch helfen, die reale Wirklichkeit zu verändern, Tatsachen zu bewirken oder zu verhindern.

Der Mensch ist das problemproduktive Wesen. Jeder weiß: Wer keine Problem hat, der macht sich welche, und wenn es dem Esel zu wohl ist, geht er aufs Eis.

Warum sind Ärzte so angesehen? Ihre Erfolge laufen sichtbar über den Rasen – ihre Missfolge ruhen darunter.

Oft schaffen wir uns Probleme nur, um sie lösen zu können, aber häufig genug entwickelt sich die Lösung erst zum Problem – Musterbeispiel Einsamkeit und Ehe; die Ehe löst Probleme, die man allein nicht hätte.

Eine der größten Begriffslügen ist das Wort Automobil. Es gibt kaum eine Erfindung des Menschen, die mehr Arbeitskraft, Erfindergeist, Material und Energien verbraucht, Zeit beansprucht und Menschenleben kostet. Und solch eine aufwendige und gefährliche Menschheitsbedrohung bewegt sich dem Begriff nach leichthin eben nur aus sich selbst.

Der Sinn der Kultur? Der verzweifelte Kampf des Menschen gegen die Langeweile und die Angst davor, dass das Leben sinnlos sein könnte. Einen Sinn an sich hat sie ebenso wenig wie einen Sinn über sich hinaus oder so etwas wie einen höheren Zweck. Kultur ist die ständig wechselnde Maske über der Fratze der Bestie und die selbstsuggerierte Illusion des Menschen, dass er eine solche keinesfalls sei.

Begriffe und Wörter bedeuten aus dem Mund der Geschlechter meist verschiedenes. Wenn ein Mann von einem anderen sagt, er sei großzügig, meint er das Format seines Lebens und Denkens. Sagt er es von einer Frau, meint er meistens die Lockerheit und Bereitwilligkeit ihres Lebens- und Liebesstiles. Sagt eine Frau von einem Mann, er sei großzügig, heißt das, dass ihm das Geld locker sitzt, zumindest für sie. Von einer Frau sagt sie es ohnehin nicht. (auch tolerant, stark, moralisch ...)

Warum muss eine Frau schön sein? Weil sie selbst – Hand in Hand mit der Werbung – sich diesen Terror zufügt, diesem Zwang unterwirft. Dabei müsste einer solchen monomanischen Erwartung nur jemand unterliegen, der zugleich arm, dumm und faul wäre. Und weshalb braucht ein Mann dies nicht? Weil er selten alle drei dieser Nachteile auf sich vereinigt und sich getrost auf den jeweils vorhandenen Vorteil verlässt. Ob er ihn hat, ist dabei so unwesentlich wie die entgegengesetzte Tatsache, dass die Frau ihn eventuell nicht hat und deshalb schön sein muss.

Jeder möchte gern um seiner selbst willen geliebt, beachtet, eingeladen, erwähnt und erinnert werden. Es gibt keine größere Enttäuschung als die jener Leute, denen von heute auf morgen Vermögen, Gesundheit, Position und gesellschaftliche Achtung abhanden gekommen sind und die nun merken, dass sie bei den allermeisten nur um dieser Akzidentien willen geschätzt wurden. Von heute auf morgen fällt meistens auch ihr Selbstwertgefühl in den Keller und erholt sich nur mühsam von diesem Sturz.

Dafür, dass es keine Drachen gibt, haben sie viele Gesichter: Die Sagengestalt der Kinderwelt, das heilige Wappentier der Chinesen, die böse Ehefrau oder Schwiegermutter, die Papier, Holz oder Plastik gewordenen Sehnsucht, die Kinder und solche, die es geblieben sind, an der Leine gen Himmel steigen lassen, der Typ eines Segelschiffes von schnittiger Eleganz und die apokalyptische Schlange, die den Teufel, das Böse darstellt. Sollte es sie wirklich gegeben haben oder gar noch geben?

„Wenn der Prophet nicht zum Berge kommt ..." – dann weiß er wohl, warum er das sein lässt: Große Gedanken wachsen nur in der Distanz, aber selten unter den Kletterstrapazen. Wer sich etwas beweisen will, ersteigt Berge. Wer nachdenken oder schauen möchte, sieht sie am liebsten aus der Ferne. Sie kommen dann schon von selbst zu ihm.

„Der Geist weht, wo er will" – ob es hier nicht auch eine Art Wind- und Wettervorhersage gibt? Und wer den Wind wehen lassen will, wie er selbst möchte, kommt in den Sog des anderen Bibelwortes: „Wer Wind sät, wird Sturm ernten ..." Manche geistige Bewegung endete anders, als sie begann und als sie von ihrem Stifter gemeint war.

Wieso der schwächste und empfindlichste Teil des Mannes immer wieder als sein Szepter und Machtsymbol bewertet wird, ist nicht so recht erfindlich. In mehr als neunundneunzig Prozent der Zeit gleicht er eher einem winzigen Rübchen oder einer weichen Schnecke als einem Wehrturm oder Siegesmast. Kaum ist er es, so neigt er sich und gibt sich auf. Und dennoch ersteht der Mythos immer aufs neue ...

Der Philosoph Max Scheler antwortete auf die Frage, warum sein Leben so wenig seiner Ethik entspräche: Erwartet man auch vom Wegweiser, dass er in die Richtung geht, in die er zeigt? Heute erwartet man dies und setzt selbstverständlich voraus, dass ein Lehrer wohlerzogene Kinder, ein Eheberater eine intakte Ehe, ein Geistlicher einen unerschütterlichen Glauben, ein Zahnarzt gesunde Zähne und ein Friseur keine Glatze habe. Ist das gerecht?

Blatt und Bogen sind synonym, wenn man die gleiche papierne Sache meint. Blatt und Blatt, Bogen und Bogen sind zwar sprachlich gleich, in der Sache aber nicht miteinandor austauschbar, sondern meinen etwas völlig Verschiedenes. Wahrscheinlich ist der dafür erfundene Begriff „homonym" darum auch weniger bekannt. Im Volksmund heißen sie mit dem Titel eines früheren in Familien verbreiteten Spiels „Teekessel"

Bäume können und dürfen nicht in den Himmel wachsen, aber ohne das Streben danach würde nichts wachsen. Alles Streben nach höherer Art ist von vornherein seines Misserfolgs gewiss und dennoch dadurch motiviert, dass es in einer Philosophie des „Als Ob" – möglich wäre. So werden Ehen geschlossen, Kinder gezeugt, Häuser gebaut, Städte und Staaten gegründet, Kriege begonnen, Bewegungen ins Leben gerufen, Kirchen gestiftet. So bleiben wir glücklich unter uns und der Himmel unter sich – oder ist er durch dieses Streben unter uns?

Der Zauber der Dinge ist der Glanz, den wir über sie legen, den wir ebenso hinein- wie heraussehen.

Wer zwei Frauen hat, hat weniger als eine.

In den Grundfragen ist der Mensch ratlos: Dreht sich die Erde um die Sonne oder nicht doch – wie wir es täglich erleben – die Sonne um die Erde? Hat Gott den Menschen geschaffen oder nicht doch – wie Georg Lichtenberg und Ludwig Feuerbach behaupten – der Mensch Gott nach seinem Bild? Beherrscht der Mensch die Natur oder nicht doch die Natur den Menschen? Hat der Unternehmer wirklich mehr Macht als der Arbeiter, oder ist es nicht umgekehrt? Macht Reichtum glücklich, aber warum sehen Arme meist glücklicher aus? Warum möchten wir möglichst alt werden, aber nicht alt sein? Wir fürchten die Vergänglichkeit, aber ist sie nicht gerade das, was das Leben so kostbar macht?

Wenn man Stimmen Ausdrucksbedeutung beimisst, muss man überrascht sein, welch piepsige Stimmen gefährliche und große Tiere haben, Falken, Bussarde und Adler, aber auch Wale und unter den mächtigen Menschen auf Erden Bismarck mit seiner Fistelstimme, Churchill, der Lispler und Stammler, Goebbels, der kreischende Diskant, angeblich auch Mao Tse Tung und viel andere Diktatoren. Wollen sie – gleichsam tiefstapelnd – sich schwächer und ohnmächtiger stellen, oder hat die Natur diese Kompensation vorgesehen? Die scheinbare Schwäche macht die Macht nur umso gefährlicher.

Wie gut, dass es Denkfaule und Bewegungsträge gibt. So können sich beide gut ergänzen – wenn nur nicht der eine meint, den eigenen Vorzug herauskehren und den des anderen herabsetzen zu müssen! Schlimm ist daran einzig, dass der Denkfaule mit der Zeit auch denkunfähig wird, falls er's nicht schon vorher war, und der Bewegungsträge desgleichen.

Vielleicht ist der Hauptunterschied der Geschlechter jeweils ein Balken – der, den der Mann zwischen den Beinen, und der, den die Frau zwischen den Gehirnhälften hat.

Die kleineren Verbindungen sind männlich – der Pfad, der Weg, der Steg –, die größeren weiblich: die Straße, die Chaussee, die Autobahn, die Allee, die Auffahrt, die Promenade. Sollte dies Zufall sein?

Der Selbstwert eines Menschen drückt sich nicht in dem aus, was er verlangen, sondern in dem, was er bieten kann.

Herkunft ist das, von wo man herkommt,
Abkunft das, von wo man abkommt,
Ankunft das, wo man ankommt,
Zukunft das, was auf uns zukommt –
Auskunft das, was uns auskommt?

Selbstherrliche Lebensmaxime: In dem Maße, in dem du mich nicht akzeptierst, nehme ich dich nicht für voll.

Das Wichtigste im Leben ist kaum sichtbar und spürbar, vor allem wird es – wenn man genug davon hat – nicht hoch genug geschätzt, und doch ist es die Grundlage allen Lebens: die Luft, das Wasser, das Brot und die Liebe.
Wehe aber, wenn eins davon fehlt oder auch nur knapp wird!

Das Wasser: ein wahrhaft und wörtlich unerschöpfliches Thema: Es ist über uns, in uns, unter uns und um uns. Auch wenn wir nicht auf Inseln leben – die Kontinente sind von Wasser umgeben. Wir schöpfen aus dem Grundwasser und verdanken alles Wachstum dem Regen. Zu vier Fünfteln bestehen wir daraus, und wenn wir drei Tage nichts trinken, sterben wir, während wir sechs Wochen ohne zu essen leben können. Nicht die Sonne ist der Inbegriff der allmächtigen Gottheit, sondern das Wasser muss es sein, auch wenn ihm der eigene Glanz, die Strahlkraft, fehlt. Es leuchtet und changiert, es lässt durch und spiegelt, es sickert durch alles, und ohne Wasser wäre kein Leben, wäre nur Nichts – das Wasser tobt, brandet, überflutet und zerstört aber auch. In ihm berühren sich alles und nichts.
Das Wasser ist nicht Gott, aber es ist das universalste Element, in dem sich die göttliche Allmacht verwirklicht.

Mit dem Geld geht es wie mit der Schönheit:
Es verdummt,
es verdirbt,
es verduftet.

Autorität und Aktualität: Der Jugend mangelt es an der einen, dem Alter häufig an der anderen, und doch sind beide zur Menschenführung unentbehrlich. Autorität kann Werte vermitteln, aber sie müssen auch ankommen, auf die jeweilige Gegenwart bezogen sein. Das Leben nur in der Gegenwart, ohne Bezug auf Maßstäbe und Normen wird leicht oberflächlich und wechselhaft. Das eine gleicht dem Anker ohne Schiff, das andere einem Kork auf den Wellen.

Man muss nicht in der Pfanne gelegen haben, um zu wissen, wie ein Schnitzel schmeckt.

Die Liebe – ein kurzes Lustspiel mit wenig Personen und viel Handlung ...

Die Welt wimmelt von Kritikern, Radikalen, Weltverbesserern, die ebenso verdrossen wie unverdrossen nach Haaren suchen in der Suppe, von der sie löffeln und leben.
Finden sie keine, erklären sie einfach die Fadennudeln, die reichlich vorhanden sind, für Haare, zeigen sie begeistert herum und hoffen auf Zustimmung. Meine haben sie nicht. Ich genieße die Suppe, sofern sie nur schmeckt und nährt.

Scheitern heißt reifen, reifen heißt gewinnen – mehr als man vorher hatte. Darum muss man die Tatsache nicht fürchten, dass das Leben eine einziges Scheitern ist.

Arbeit ist wohl die verbreitetste Droge in der Welt. Wenn man altert, ist die Zeit eigentlich zu schade dafür. Außerdem nimmt man sie nur Jüngeren weg, und nur die wenigsten vertragen sie gut. Wer süchtig ist, mag es bleiben. Wer Einsicht hat, findet darin genug Erfüllung und entdeckt in sich und um sich täglich Neues, ohne sich deswegen sonderlich abmühen zu müssen.

Noch einmal zur Droge Arbeit: Ohne sie halten es die meisten Menschen nicht aus, so sehr sie darüber klagen. Wenn sie sie nicht mehr haben, weinen sie, ja, rennen sie ihr nach, auch wenn sie sie gar nicht nötig hätten.

Offenbar macht Arbeit nicht nur süchtig, sondern auch kurzsichtig, ja blind. Für die meisten scheint sie das Ersatzglück schlechthin zu sein.

Je schmaler, schlichter und begrenzter der Punkt, von dem aus wir die Welt sehen, umso größer kann die werden, die wir uns bauen.

Wir leben in Verhältnissen, und die werden durch Verhältniswörter charakterisiert: im Haus mit Frau und Kindern, bei den Eltern, neben den Nachbarn, unter den Kollegen, auf der Straße, hinter dem Mond, zwischen den Stühlen, vor aller Augen ... Schon hierin drücken sich Kosmos und Chaos unserer Existenz aus – wie viel mehr aber, wenn wir Verhältniswörter beliebig vertauschen, mit ihnen spielen: Was für Verhältnisse dann entstehen!

Es ist nicht möglich, eine unzufriedene Frau zufrieden zu stellen. Nur eine innerlich befriedigte kann man befriedigen, vielleicht sogar beglücken.

Der Spruch: „Es gibt kein schlechtes Wetter, nur die falsche Kleidung" klingt heroisch. Über die Lippen bringen kann ihn aber nur jemand, der nie die wohlige, durchwärmende Wirkung einer milden Sonne erfahren hat und sich in ihr weiten und erheitern, ein inneres und äußeres Glück zusammenfinden fühlte.

Durch keinen Fortschritt der Natur- oder Geisteswissenschaft, der Anatomie, Physiologie oder Neurochemie, aber auch Psychologie, Philosophie und Theologie ist bis heute die Frage auch nur im geringsten beantwortet, wie, wo und wodurch im Gehirn sich chemische und elektrische Impulse in Gefühle und Gedanken verwandeln. Die Annäherungen werden immer differenzierter, das Wissen immer größer und die Unkenntnis über den entscheidenden Punkt, in dem die Quantität in Qualität umspringt, demzufolge immer deprimierender.

Ist das Gehirn Ursache, Bedingung, Sprungbrett, Humus, Instrument und der Geist Wirkung, Zweck, Dirigent? Kann er ohne sein materielles Substrat, ohne sein Werkzeug und gleichzeitig Verursacher sein? Sind Seele und Geist nur die Innenansicht des Körpers und der Körper die Außenansicht der Seele? Keine einzige dieser Fragen wurde – außer durch Denkmodelle – bisher geklärt, erklärt, allenfalls ein wenig plausibel veranschaulicht.
Aber was würde es nützen: Ich bin ich, ich bin, ich denke, ‚Ich denke, also bin ich'. Und der Rest – ein Thema für das nächste Jahrtausend ...

Um das klarzustellen – zum ewigen Streitpunkt Ernst Jünger: ich liebe den Reiseberichter und Naturbeobachter, den Stilisten und Träumer, den Diaristen und Gedankenspieler, aber nicht den Kriegsberichterstatter (oder sprachlichen Gestalter von Kampf und Krieg), auch nicht den Esoteriker und Propheten, schon gar nicht den nationalrevolutionären Extremisten, auch nicht den Ästhetizisten und Narzissten, aber doch den mutigen Bekenner und treuen Freund, den fleißigen Briefschreiber und den einsamen Denker, den Vielgebildeten und doch immer Neugierigen, nicht den Käfer- und Spazierstocksammler, den Dandy, den rauschigen Rauner, lieber ist mir der landverwurzelte norddeutsche Lutheraner mit seinen kristallinischen Sprach-

und Denkstrukturen, mag auch sein Verhältnis zu Politik, Frauen und zum Zeitgeist gestört sein.

Ein Zeitzeuge ohne Vergleich ist er allemal. Ich gebe zu: Auch der Pour le mérite – verdient durch die Menschenrettung an der Front – imponiert natürlich.

Männer verschanzen sich leicht hinter dem Satz, sie könnten eine Frau ja doch nicht befriedigen, wenn sie es selbst aus sich heraus nicht schon ist. Da ist etwas Wahres dran! Jedoch heißt ‚eine Frau befriedigen' von der eigenen Macht abzugeben, ‚Potenz' herzugeben. Das können Männer leichter in der Hierarchie der Männerteams und Frauen unter Schwestern ohne Klage. Im Kampf der Geschlechter ist es erst möglich, wenn einer nachgibt, aufgibt, hergibt. Das ist auch Männern möglich.

Wie ziellos und zentrifugal der Mensch und seine Geschichte sind, davon zeugen einige verräterische Ausdrücke, so wenn wir das Auto ein Fortbewegungsmittel und ein positive historische Entwicklung einen Fortschritt oder einen Aufstieg ein Fortkommen nennen – keine Rede von Hinbewegungsmittel, Hinschritt oder Hinkommen. Wir wüssten ja auch gar nicht, wohin wir uns bewegen, wohin wir schreiten oder kommen sollten. Aber steckt in diesem ‚fort' nicht soviel wie: nichts wie weg!?

Lebensüberdruss müsste eigentlich Leblosigkeitsüberdruss heißen.

Die Schule – ein langes Trauerspiel mit viel Personen und wenig Handlung ...

Soll man die Schule lieben – oder die Liebe schulen?

Zieht sich nicht durch die Menschheit ein Graben: Hier die Geldhaber, Machthaber und Rechthaber – dort die Zeithaber, Liebhaber und Genughaber. Man muss nur wissen, wohin man gehört und notfalls über den Graben springen.

Man will den anderen ändern, damit man sich selbst nicht ändern muss. Doppelt sinnlos!

Der Mensch, auch der abgeschlossenste Gereifte, ist ein nach oben offenes Gefäß.
Wer füllt es?
Die ewige Suche.

Von Frauen dressiert – von Frauen verführt

Die Geburt des Jungen ist ein Stolz für den Vater und eine Lust für die Mutter.

Söhne werden ein wenig mehr geliebt, freudiger betrachtet und mit größeren Hoffnungen ins Leben geleitet.

Söhne hängen heftiger an ihren Müttern, schmeicheln ihnen durch größere Zuneigung und besondere Anhänglichkeit.

Söhne werben intensiver um die Liebe der Mutter – schon vom Kleinstkindalter an.

Mütter erwidern diese Liebe und geben den Söhnen alles.

Darum gibt es mehr erfolgreiche Männer und mehr männliche Genies.

Mütter sind Schicksal – besonders für Söhne.

Mütter sind wichtig.

Gute Mütter wissen es und handeln danach.

Manche wollen mehr sein: Sie machen sich unentbehrlich.

Sie behüten und umsorgen ihr Kind, umgeben es mit ihrer Liebe und Allgegenwart, sie wachen darüber und weichen nicht von ihm.

Kinder solcher Mütter fühlen sich behütet und geborgen.

Sie meiden die Freiheit und fürchten das Abenteuer.

Die Mutter ist ihre Lust – alles Fremde macht ihnen Angst.

Mütter halten ihre Söhne oft in Fesseln, auch wenn sie erwachsen sind.

Sie tun es nicht mit Ketten und Stricken, sondern mit Blicken, Gesten und Mienen.

Sie sagen: Geh spielen, mein Sohn, ich warte auf dich.

Sieh dich vor, mein Sohn, die anderen wollen etwas von dir.

Ich allein gebe dir alles und fordere nichts.

Du bist alles, was ich habe, und meine Liebe gilt nur dir.

Viele wollen dich verlocken, aber niemand wird dich so lieben wie ich.

Mit so viel Liebe wächst ein Mann heran, er wird größer und größer –
zu groß für jede andere Frau.
Jede, die ihn liebt, übernimmt ihn von der Mutter – ein Kind und doch übermenschlich schwer zu lieben und irgendwann auch zu ertragen.
Wie die Mutter das Kind auf den Armen trug, trägt die Frau die Last ihrer Liebe,
die als Lust begann.

Auch er hat keine Lust mehr, aber meint immer noch zu lieben.
Seine Lust, wenn schon die Mutter nicht mehr seinem Mund sie spendet, sucht er nun anderswo.
In ihm ist Leere.
Er muss sie täglich füllen.

Wer stillt den Hunger seiner Frau?
Er ruht auf ihr.
Denn alles, was er ist, beruht auf Frauen.

Er – einst ihr Traum – bereitet ihr nur Albdruck.

Zwei Frauen sind in ihm.
Die eine lernt er hassen, dieweil er meint, die andere immerfort zu lieben.
Nicht, was sie wirklich ist, bleibt hell vor seinem Auge, ein Schemen nur und andererseits nur Schatten.
Liebe ist beides nicht.
Das eine ist Verachtung, das andere Verehrung bestenfalls oder Verklärung.
Wer hält das aus?

Der Mann flieht in den Stress,
wird unentbehrlich im Beruf, in Öffentlichkeit und Geschäften.
Sein Herz zerreißt sich,
reibt sich auf, verkalkt, wächst dem Infarkt entgegen.

Am Ende steht Depression und Einsamkeit.

Nun haben Frau und Mutter einen Mann verloren.
Die Mutter klagt: Ihr habt mir meinen Sohn zerstört, ihr andern,
die nun ratlos fliehn.

Dabei war sie es selbst mit ihrer Liebe, die ihn hilflos machte,
untauglich für das Leben und die Liebe.

Sie selbst hat ihn gebraucht, an sich gebunden.
Hätte sie selbst für ihr Leben neuen Sinn gefunden,
sich selbst geliebt statt alles auf den Sohn geladen,
er wäre frei und sie schuldlos –
beide glücklich.

So bleibt er ein Krüppel,
Opfer falscher Frauenliebe,
unfähig, frei zu sein, wenn er nicht noch die Krücken fortwirft
und zu sich selbst,
zum Leben ja sagt, unverführbar,
undressiert.

Die Sprache der Glocken

Wir reden von der Sprache des Windes, von einer Sprache der Vögel, der Sprache des Kunstwerks und schließlich von der Sprache des Menschen. In der gesamten Natur gibt es die Möglichkeit des hörbaren Ausdrucks, bei der toten ebenso wie bei der lebenden und bei der tierischen ebenso wie bei der menschlichen. Die ganze Natur preist auf mannigfaltige Art in Tönen von dem Tage ihrer Schöpfung an das gewaltige Werk ihres Schöpfers. Oft ohne dass der Mensch es will oder sich dessen bewusst wird, stimmt er in seiner Musik in dieses unermessliche Lied mit ein, wie jede andere Kunst, die oft ungewusst und ungewollt zum Lobe Gottes geschaffen wird, Göttliches und Menschliches in dieser Weise vereint. Sie wird also als Brücke zwischen Schöpfer und Geschöpf, nicht aber zwischen Geschöpf und Geschöpf.

Im Rahmen der Schöpfung ist die Kunst nur auf den Menschen bezogen. Genau so ist es in der lebenden Natur. Das zarte Schlagen einer Nachtigall, der himmelansteigende Jubel einer Lerche kann von uns zwar als schön empfunden werden, aber das eigentliche Wesen, und der tiefe, unzweifelhaft seelische Urgrund des wehmütigen Schlagens oder des jubelnden Gesanges wird uns auf immer verschlossen bleiben. Dasselbe lässt sich von den gewaltigen Tönen der sogenannten toten Natur sagen. Wir hören das Rauschen des Windes, vernehmen das Tosen des Meeres, aber die Seele ihres Ausdrucks erfühlen wir nicht, und ihren Sinn innerhalb der gesamten Schöpfung können wir nicht ahnen. – So schließt alles Geschaffene sich aus, jedes auf seine Art sprechende Schöpfung, aber eins dem anderen nicht verständlich.

An dieser Stelle muss ein Gedanke ausgesprochen werden, der neu und fremd klingen mag, der uns aber interessieren muss, weil er den Schlüssel zu einem Teil göttlicher Schöpfung enthält. Es ist wunderbar: Nie und nirgends hat sich das vielstimmige Tönen der lebenden und toten Natur zu einem Lied vereinigt – es war immer ein Nebeneinander – als in dem Läuten einer Glocke! Der Mensch hat sich zwar oft der toten Materie bedient, er hat Instrumente, aus stummem Stoff gefertigt, zum Klingen gebracht, aber er hat sich ihrer eben nur bedient. Gerade das nennen wir Kunst, dass der Mensch sich des Stoffes bedient und daraus Größeres schafft. Was der Mensch aus dem natürlichen Stoff macht, ist doch nur „künstlich" und unnatürlich; die Natur selber spricht nicht aus den Instrumenten. Was einen am Geigenspiel ergötzt, ist nicht der Ton, der aus den Saiten gezeugt wird, sondern die Folge der Töne, ihre Komposition (Zusammensetzung!), die den Wert der Musik ausmacht, zusammen mit dem Grad spielerischen Könnens. – Bei dem Geläut einer Glocke aber wird man ebenso wenig von Kunst oder Musik sprechen, wie man eine alte Eiche oder den monumentalen Bau eines Alpengipfels ein Kunstwerk nennen würde. Wir empfinden es nicht als Musik, bezeichnen die lauttönende Art ihrer Verkündigung nicht als Kunst, und doch übt es, wenn unsere Seele solcher Empfindungen noch fähig ist, eine unbeschreiblich tiefe Wirkung auf uns aus. Wenn wir uns ihm ganz hingeben, berührt es uns wie von ferne, fast kosmisch und überzeitlich, und trifft uns doch ganz persönlich – wir alle kennen das.

Worin liegt diese Wirkung begründet? Sie liegt, allerdings ohne uns beim Hören bewusst zu werden, in der einmaligen Tatsache des organischen Zusammenwachsens der rauhen Wucht toten Stoffes und der schöpferischen Formgebung des lebendigen Geistes. – Das ist das Mysterium der läutenden Glocke. Das Geläut besteht aus einem einzigen Ton, – ein Beweis dafür, dass es ein vom Menschen und für den Menschen hörbar gemachter Ausdruck der anorganischen Natur ist. Der Akzent liegt auf „anorganische Natur", denn wenn der Mensch sich ihrer als eines Stoffes bedient hätte, würde er aus dem Ton der Glocke Musik gezaubert und ihre Form zu einem spielbaren Instrument entwickelt haben. Und in der Tat: Durch die Glockenspiele, wie wir sie bisweilen an Kirchen und Domen der großen Städte finden, hat man dem Glockengeläut sein eigentliches Wesen genommen, man hat es vermenschlicht, weil man es in den Dienst einer Melodie gestellt hat. Die Glocken-spiele sind gewiss sehr schön, so wie etwa Flöten- oder Orgel-spiel schön sein kann. Und dieser Vergleich enthält den Schlüs-sel für ihre verfälschte Wirkung: Man hat die Glocke zum Instrument gemacht, und das gerade soll sie nicht sein. Sie soll als Herrscherin, nicht als Dienerin mit der Macht ihres einen Klanges oder auch im harmonischen Zusammenklang mit den Tönen einer zweiten und dritten Glocke auf ihre Art ihre Verkün-digung geben, den mächtigen Lobpreis, das einzigartig allum-fassende Schöpfungslied des toten Stoffes, der geformt ist von der lebendigen Hand. – Das Geläut der Glocke ist sinnbildhaft für das demütige Einordnen des Menschen in die Schöpfung und damit für das Beugen unter ihren Schöpfer. Ihr Ursprung liegt im Lebenden und zugleich im Toten, und das erhebt ihr Geläut, das ertönt am Beginn des Lebens wie beim Tode, zur Verkündung von Krieg und Frieden, von Glück und Unglück, zu der Bedeutung, die es bei uns hat, als ewig gleiche Stimme zu Lebendem und Totem, als ehernes Jenseits von Leben und Tod.

Zweitakter

Zum Abendrot am weiten Himmel
entflieht der Denker dem Getümmel.

Die Welt umspannt der große Denker,
die Hand umspannt den Kognakschwenker.

Die Dame mit dem Schlitz am Kleid,
beklagt den Schwund der Sittsamkeit.

Ein Ende hat die längste Leiter,
und danach kommt man nicht mehr weiter.

Am Abend geh'n die Lichter aus,
und dann kommt das Gelichter raus.

Zurückgezogen lebt die Weisheit,
die wohl um ihre Seltenheit weiß.

Rotiert um dich das Weltgewühle,
bleib' fern ihm wie das Korn der Mühle!

Zur Nacht nur leuchten große Lichter,
am Tag schweigt auch der größte Dichter.

Rund glänzt des Regenbogens Spektrum.
rund glänzt das schönste Weib mit Speck drum.

Es strahlt der Mond schon gut zur Hälfte,
dabei ist heute erst der elfte.

Musik macht manchem das Motorrad,
wenn er nichts anderes im Ohr hat.

Das Schwein mag quieken und auch stinken,
am Schluss kommt auf den Tisch sein Schinken!

Das neue Haus ist endlich fertig,
verschuldet hock' am eigenen Herd ich.

Sehr weit mag mancher nicht so gern gehn,
doch schaut er stundenlang ins Fernsehn.

Bevor mir das Papier verweht,
benutz ich mein Diktiergerät.

Bis in die allerhöchsten Kreise
gibt's leider Dumme mehr als Weise.

Die Ehe geht nur gegenseitig,
Sonst tut man's lieber anderweitig.

Auch wer die anderen Menschen liebt,
ungern was von sich selber gibt.

Zu zweit kann man nicht ewig gehen,
doch einsam ist es auch nicht schön.

Wer freut sich auf den Sonnenschein?
Doch darf er nur zu heiß nicht sein.

Dem Arbeitsmann wird manchmal lang
die Zeit zum Sonnenuntergang.

Oft schrumpft die ganze Lebenskunst
auf eines Augenblickes Gunst.

Das Land, auf dem kein Segen liegt,
wird oft am besten umgepflügt.

Am Horizont die Sonn geht unter,
jetzt wird der Faule richtig munter.

Von wo aus man in See auch steche,
gern bleibt man an der Oberfläche.

So hoch er steigt den Wolkenkratzer,
beim Sturz hat in der Erde Platz er.

Beim Kartenspiel und bei den Damen
gar manche um den Einsatz kamen.

Eh` Nas` und Aug` erfreut die Rose,
ritzt uns ihr Dorn zumeist die Hose.

Die hohe Tanne ächzt im Sturm,
froh kringelt sich der Regenwurm.

■ Ulrich Beer
Graphologie.
Handschrift ist Herzschrift
4. Auflage 2003, 190 S., ISBN 3-8255-0417-4,
€ 17,90

■ Siegfried Scharf
Vom Hirtenbub zum Bürgermeister.
Ein Leben im Schwarzwald
2003, 216 S., 100 Abb., ISBN 3-8255-0449-2,
€ 17,90

■ Ulrich Beer / Ernst Burmann (Hg.)
Jeden Morgen neu.
Die Bibel in 366 Tagesthemen
2. Auflage 2004, 384 S., ISBN 3-8255-0500-6,
ca. € 25,–

■ Klaus Otto Nass
Risiko-Geburt und erste Lebensjahre.
Mutter und Kind im Wettlauf mit der
Zeit. Die Vojta-Methode
2004, 272 S., geb., ISBN 3-8255-0424-7, € 18,90

■ Roswitha Stemmer-Beer
Zu alt für die Liebe?
Liebe, Partnerschaft und Sexualität
im Alter
1994, 200 S., ISBN 3-8255-0451-44, € 20,–

■ Rudolf Köster
Was kränkt, macht krank.
Seelische Verletzungen erkennen
und vermeiden
5. Auflage 2003, 130 S., ISBN 3-82550425-5,
ca. 15,– €

■ Ulrich Beer
**Kriege beginnen im Herzen –
der Frieden auch ...** Tabus und
Vorurteile: ihre Wurzeln und Wirkungen
2. Auflage 2003, 130 S., ISBN 3-8255-0435-2,
€ 12,90

■ Jeannine Grisius
Dein Bild im Herzen. Auf der Suche
nach meiner afrikanischen Mutter
2004, ca. 140 S., Abb., ISBN 3-8255-0468-9,
ca. € 13,–

■ Ulrich Beer
Mit weniger gesünder leben.
Im Überfluß das eigene Maß finden
3. Auflage 2004, 136 S., ISBN 3-8255-0498-0,
ca. € 15,–

■ Helmut Fleischer
Dasein in Geschichte.
Ein philosophischer Rückblick
auf das 20. Jahrhundert
2005, ca. 150 S., ISBN 3-8255-0503-0,
ca. € 17,–

■ Cornelia Kühn-Leitz
Theater – Spiel und Wirklichkeit.
Erfahrungen und Begegnungen
2005, ca. 150 S., geb., ISBN 3-8255-0461-1,
ca. € 17,–

■ Ulrich Beer
Was Farben uns verraten.
Eine bunte Psychologie
5. Auflage 2004, 192 S., ISBN 3-8255-0445-X,
€ 17,90

■ Rudolf Köster
Das gesunde Ich.
Die stärkste Kraft für Gesundheit
und Leben
2004, ca. 350 S., ISBN 3-8255-0488-3,
ca. € 22,–

■ Veronika Schlüter
Merkwürdigkeiten.
Baltische Impressionen
2005, ca. 160 S., ISBN 3-8255-0506-5,
ca. € 20,–

■ Ulrich Beer / Heidrun Steuernagel
Das Früchtehoroskop.
Eine heitere Charaktertypologie
2004, ca. 100 S., ISBN 3-8255-0505-7,
ca. € 15,–

■ Ernst Burmann
Rose und Balsam und Moschus.
Eine ökumenische Utopie
2004, 330 S., ISBN 3-8255-0489-1, € 15,90

■ Ulrich Beer
Die Kunst, Menschen für sich zu gewinnen.
Richtig motivieren und überzeugen
3. Auflage 2003, 194 S., ISBN 3-8255-0429-8,
€ 17,90

■ Walter Lobenstein
Gelebt und geträumt.
Kurze Geschichten
2005, ca. 200 S., ISBN 3-8255-0502-2,
ca. € 20,–

■ Roswitha Stemmer-Beer
Liebeskämpfe.
Wie Töchter ihre Mütter abnabeln
2004, ca. 160 S., ISBN 3-8255-0499-9,
ca. € 18,–

■ Hans Ruh
Störfall Mensch.
Wege aus der ökologischen Krise
3. Auflage 2004, 160 S., ISBN 3-8255-0504-9,
ca. € 17,–

■ Ulrich Beer
Nur ein Kind!
Auf dem Weg zur Ego-Gesellschaft?
2. Auflage 2004, 200 S., ISBN 3-8255-0497-4,
ca. € 20,–

■ Ulrich Beer
Glücklich alt.
Die dritte Lebensphase kann
die beste sein
2. Auflage 2004, 240 S., ISBN 3-8255-0496-4,
ca. € 20,–

■ Fabian Tritschler
Mit der Sonne im Gepäck.
Als Zivi in Ecuador
2005, ca. 160 S., ISBN 3-8255-0507-3,
ca. € 17,–

■ Ulrich Beer
Ich bin mein eigener Arzt.
Selbsthilfe für mehr Wohlbefinden
9. Auflage 1990, 190 S., ISBN 3-8255-0438-7,
€ 7,–

■ Ulrich Beer
Kraft aus der Einsamkeit.
Eigene Potentiale erforschen
und genießen
1990, 192 S., ISBN 3-8255-0441-7, € 13,–

■ Roswitha Stemmer-Beer /
Heidrun Steuernagel
So heilt die Seele den Körper.
Praktische Psychosomatik
3. Auflage 2004, 240 S., ISBN 3-8255-0450-9,
ca. € 20,–

■ Regine Busch
Krach und Krisen in der Partnerschaft.
Persönliche Fragen und
psychologische Antworten
2. Auflage 2004, 240 S., ISBN 3-8255-0509-X,
ca. € 18,–

■ Ulrich Beer
Jugend braucht Autorität.
Ein Aufruf zur pädagogischen Vernunft
1995, 158 S., ISBN 3-8255-0431-X, € 8,90

■ Ulrich Beer
Neues Glück finden.
Von einer Trennung zu einer
neuen Bindung
1991, 176 S., ISBN 3-8255-0439-5, € 9,90

■ Roswitha Stemmer-Beer
Abenteuer Lebensmitte.
Frauen im Wirbel der Wechseljahre
2. Auflage 2004, 180 S., ISBN 3-8255-0443-3,
ca. € 20,–

■ Siegfried Scharf
Vom Wald und den „Wäldlern".
Geschichten und Anekdoten
2005, ca. 200 S., ISBN 3-8255-0511-1,
ca. € 18,–

■ Rudolf Köster
Depression – nicht alles ist Schicksal.
Vorsorge und Selbsthilfe – Chancen
der Heilung!
2003, 170 S., ISBN 3-8255-0417-4, € 15,90